社会主义核心价值体系建设

"双百"出版工程

项 目

/100位

新中国成立以来感动中国人物/

王有德

季栋梁 魏 蒙/著

吉林文史出版社

前 言

　　每个人的心中都多少有一点英雄情结，都向往英雄、景仰英雄。也正因此，在中华人民共和国建国六十周年之际，由中央十一部委联合组织开展的"100位为新中国成立作出突出贡献的英雄模范人物和100位新中国成立以来感动中国人物"的评选活动中，群众参与投票总数近一亿。这其中的每一张选票，都表达了人们对英雄模范的崇敬之情，寄托着对伟大祖国的美好祝福。

　　一个民族不能没有英雄，否则这个民族就不会强大。当国家危难之时，懦弱者选择了逃避、妥协甚至投降，英雄们却挺身而出，用热血捍卫民族的尊严，人民的幸福。在创立和建设新中国的伟大历程中，涌现出无数可歌可泣的英雄模范人物。他们之中，有为了民族独立和人民解放而英勇牺牲的革命先烈，有为了党和人民的事业而不懈奋斗的优秀共产党员，有在全民族抗战中顽强奋战、为国捐躯的爱国将士，有英勇杀敌的战斗英雄和革命群众，有积极从事进步活动的著名民主爱国人士和国际友人……他们是民族的脊梁、祖国的骄傲，是激励全体人民团结奋斗的精神力量。

　　《100位新中国成立以来感动中国人物》丛书，就像一部星光璀璨的英雄谱，真实、完整地记录了英雄模范人物不平凡的一生，再现了他们非凡的人格魅力和精神世界。舍身堵枪眼的黄继光，拼命也要拿下大油田的王进喜，中国原子弹之父邓稼先，新时期领导干部的楷模孔繁森……一串串闪光的名字，一个个动人的故事，犹如群星闪烁，光耀中华。

　　当今中国正处于伟大变革的时代，迫切需要涌现出一大批勇于承担历史使命、为祖国和人民奉献一切的先进人物。在"双百"人物崇高精神的引领下，在建设社会主义现代化国家的征程中，必将英雄辈出。

生平简介

　　王有德，回族，1954年9月出生，现任宁夏灵武白芨滩国家级自然保护区管理局党委书记、局长，兼白芨滩防沙林场场长。自1985年走上白芨滩防沙林场领导岗位以来，他带领林场400多名职工，在毛乌素沙漠西南端筑起了一道东西长47公里，南北宽38公里的绿色屏障，有效阻止了毛乌素沙漠的南移和西侵。他主编了《宁夏灵武白芨滩保护区科学考察集》，组织实施多项防沙治沙科研项目，总结推广多种防沙治沙模式，为我国的沙漠化治理提供了经验，受到国内外治沙专家的广泛赞誉。1992年，被林业部授予"三北防护林二期工程先进工作者"称号，1996年、2001年被评为全国绿化先进工作者并获全国绿化劳动模范奖励，1999年被国家林业部评为森林资源林政管理先进个人，2002年被自治区农村"三个代表"重要思想学教领导小组、自治区党委组织部评为全区农村"三个代表"重要思想学习教育活动先进个人。2003年被中共中央宣传部评选为"全国实践三个代表的模范"，同年当选为第十届全国人民代表大会代表，并被中国环境协会授予"中国环境科技实业家"称号。2004年，又被授予全国十大国营林场优秀管理奖、西部开发杰出贡献奖。2005年5月被国务院授予"全国先进工作者"，2006年被中共中央授予"全国优秀共产党员"，2007年被全国绿化委员会、国家人事部、林业局授予"全国治沙英雄"，获得"绿色长城建设奖章"等荣誉。2012年被授予"国土绿化突出贡献"称号和"三北防护林体系四期工程先进工作者"称号。2002年4月，他带领的白芨滩防沙林场被评为全国治沙先进集体，同年9月，白芨滩国家级自然保护区又被授予全国自然保护区建设和管理先进集体称号。2011年，白芨滩国家级自然保护区又被评为全国生态文明教育基地，2012年，白芨滩防沙林场被确定为全国国营林场场长培训基地。他本人先后当选党的十七大和十八大代表。面对组织的肯定和人民的信任，胸襟坦荡的王有德同志视之为激励和鞭策，决心以更加热忱的奉献精神，投入到无比倾心的治沙播绿和生态文明建设事业中。

1954-

[WANGYOUDE]

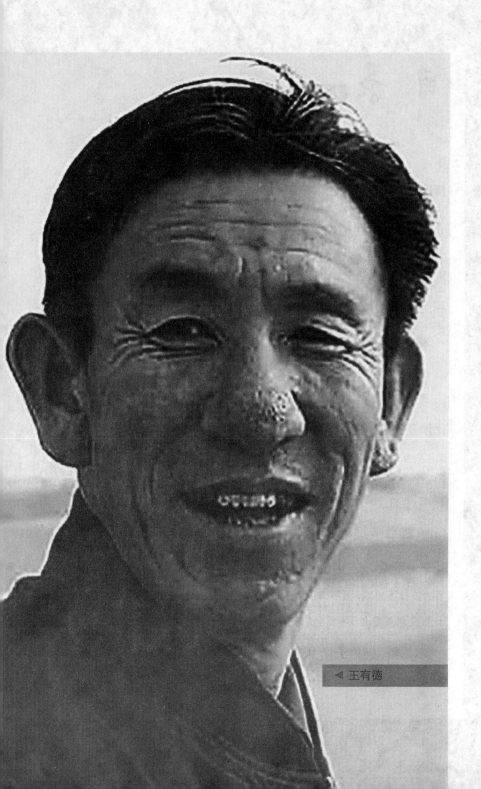

◀ 王有德

目 录 MULU

■序 言 / 001

■与沙共舞 / 001

毛乌素沙漠南缘 / 003

毛乌素沙漠，横跨宁夏、陕西、内蒙古三省，面积约4.22万平方公里，以新月型沙丘和沙丘链为主。在古代，毛乌素沙漠曾经水草丰美，是匈奴民族的政治和经济中心，至明清时形成茫茫大漠，这是由于毛乌素沙漠周边人员稠密，沙进人退的历史一直在延续着……

何处是故乡 / 007

士不论穷达，离乡即可哀。多少人在离开故乡的那一刻，心里都有被割裂的痛苦与感伤，毕竟离乡是让人黯然神伤的事，都会在心里说：我会回来的，我会回来的。然而，王有德离开养育了他十八年的马家墙框子时，心里却说不出这样的话来，他甚至这样说，我再不会回到这个鬼地方来了，走得越远越好。

比沙子还散的是人心 / 012

1985年的白芨滩防沙林场，苗圃荒废，树木枯死……名为林场，却看不到绿色，满目疮痍，遍地苍黄。这个曾经取得辉煌成就，受到党和国家领导人表彰奖励的林场，如今却已濒临破产、崩溃的边缘，曾经被治理的沙漠面临着再次沙化的危险……

■举步维艰 / 017

"三个不走" / 018

大会上，王有德没有豪言壮语，他向职工们郑重地做出"三个不走"的承诺："全场的贷款不还清，我不走！困难职工住不上新房，我不走！眼前的沙区不变成绿洲，我不走！"有人用这样的话形容过王有德的为人处事：唾口唾沫都是钉。话说出去了，那就是必须要做到的。

水果筐，柳笆子 / 021

一只筐2元多，一条沙柳笆子3元多。如果办个柳编厂，将柳条子编成筐、柳笆子，完全可以为职工挣回一些"菜钱、粮钱、油盐酱醋钱"，还可为闲散人员找一条活路……

重锤敲响鼓 / 025

精简后勤管理人员，取消一线职工工资级别，实行工效工资，将全场林业生产任务分解承包到职工手中，彻底改变了过去"造林抚育靠民工，林场工人只带工"，只讲数量不讲质量和效益的工作方式，让职工"干自己的活，挣自己的钱"。重锤敲响鼓，劳动用工制度改革，使白芨滩防沙林场在全国率先打破了国有林场"铁饭碗"，为国有林场改革提供了一条可借鉴的经验。

北沙窝沙丘上的曙光 / 029

打制砌渠用的水泥板，其他组一天最多打210块，而王有德和职工搞竞赛，比着干，看谁打得多，他所带的组最多一天竟打了580块。背水泥板砌渠正是三伏天，沙漠温度高达60℃，空走脚都会深陷进滚烫的沙漠，一块水泥板25公斤，职工每趟只能背一块，而他一背就是两块，肩膀晒破了皮，脊背被水泥板磨破，脚上也烫出了大大小小的水泡，汗水浸在伤口上就像撒了盐一样钻心痛，他依然坚持着……

■经营高手 / 033

第一桶金 / 034

或许，4万元在现在看来并不算什么，但在当时对于白芨滩防沙林场来说，意义重大，一方面4万元在当时不是个小数目，因为每年的财政拨款全场才只有15万元，一方面砖厂赢利是为白芨滩防沙林场多种经营淘到的第一桶金，极大地提振了白芨滩人对多种经营的信心。

"绿色银行" / 038

在白芨滩防沙林场，宁夏灵武苗木花卉绿化工程服务中心有着"绿色银行"的美誉。3200平方米的工厂化育苗车间里，数万株小树苗，嫩芽碧翠，油光闪亮，生机勃勃，欣欣向荣。王有德伏下身去，轻轻抚摸着，脸上洋溢着迷醉的笑容，那是父亲在看子女时才有的幸福的笑容。

锻造品牌 / 043

王有德的目光又瞄上了日渐热起来的绿化工程，他认为这是一个林场多种经营必须占领的市场，而白芨滩林场有技术支撑，有劳动力资源……

■咬定治沙 / 049

治沙与致富的可持续结合 / 051

许多治沙人都摆脱不了"生态富有，经济贫困"的困境，白芨滩防沙林场呈现出的却是治沙越治越富。他们到底有什么诀窍？王有德一语道破："一是治沙，二是治穷，关键在于调动职工的积极性，治沙与治穷相结合。人家靠海吃海，靠山吃山，咱们靠沙吃沙，而且要吃得生机盎然，幸福美满！"孙武在兵法中说："上下同欲者胜。"职工治沙治穷了，那就让职工在治沙中富起来。

人定胜天的科学精神 / 059

王有德被人誉为"当代愚公",为何是"当代愚公"?有一篇评论这样阐述:"之所以是'当代愚公',是因为他不仅具有愚公的韧劲,更具备了共产党人的科学精神。愚公只知道'每天挖山不止',子子孙孙一直挖下去。王有德则不然,他善于总结经验、积极探索客观规律,走出了一条科学治沙的道路。"

赔本彰显大境界 / 065

有人提醒王有德,市政府财政紧张,200万元的工程费不知要拖到猴年马月,林场资金不宽裕,还是想办法推掉算了。王有德马上批评说:"我们就是种树的,哪儿需要就往哪儿种,作为林业建设者,多栽树不是啥吃亏的事。"

爱树如人 / 069

头一天挖好的渠沟,一夜之间被风沙填平了;前一天刚种好的树,第二天被风刮得东倒西歪;渠填平了,重新挖开,树刮倒了,重新种上,年复一年,月复一月,日复一日,这是一场旷日持久的拉锯战,使王有德对树产生了一种难以割舍的情怀,树的根须已经扎入他的脑海、他的心中……

■大有大德 / 073

安居乐业 / 075

1985年来到白芨滩防沙林场,最初的岁月里,王有德真是度日如年,寒冷的冬日,酷热的盛夏,刮大风了,下雪了,下雨了,王有德都会心神不安。"住房难"、"入学难"、"看病难",这"三难"困扰着白芨滩防沙林场职工的生活,人心思走,一盘散沙,解决"三难"就显得更为迫切。

爱人如树 / 081

王有德说:"一个人,就像一棵树,你得浇水、施肥、修剪、护理,否则会枯死。"为留住人,王有德倾注了一腔心血。在白芨滩许多职工眼里,王场长既像严父又像兄长。白芨滩人说:"王场长做事义长,大有大德,名字里带着哩。"

劳模是一种精神 / 086

劳模、英雄……荣誉纷至沓来,人们称他王劳模、王英雄……面对荣誉,王有德很淡然。在问及对"劳模"的理解时,王有德说:"'全国劳模'是一种荣誉,更是一种精神,它属于全体白芨滩职工,我只是他们的代表,白芨滩防沙林场每个职工都是劳模,劳模精神其实就是白芨滩精神。"而工人的回答则是:"这劳模是他苦来的。"

■精神源泉 / 093

源头活水 / 094

王有德在描写白芨滩防沙林场治沙成效的材料中看到了"草长莺飞"这个词,他把"草长莺飞"四个字勾掉了。他说,草在哪里?莺飞何处?现在我们只不过扎了些草格子,这些草格子还说不定一场风埋没得无影无踪,治沙永远不要说这种言过其实的话!

治沙一家人 / 101

王有德经常半夜三更才回来，一进屋把老伴推醒，说还饿着肚子呢。老伴赶紧起来做饭，等饭做好了，王有德却睡着了。眼看着饭一点点凉了，老伴不得已推醒他，王有德迷迷糊糊地扒拉上一碗，就又倒头睡着了。

巨大的鼓舞 / 106

2009年，温家宝总理参加丹麦哥本哈根世界气候大会时，现场向全世界所播放宣传片中的部分镜头就是白芨滩与风沙抗争、治沙播绿、创造美好生活的感人情景，引起与会的各国代表高度称赞。《国务院关于进一步促进宁夏经济社会发展的若干意见》曾提出重点推广白芨滩成功的治沙模式和经验，这个模式和经验的核心就是"治沙与致富同步发展"。

■英雄无悔 / 113

生命的厚度 / 115

王有德的人生经历如果写自传，那是再简单不过了，治沙，治沙，再治沙……20年、30年……直到退休，都不会换岗位，但是毛乌素沙漠会记得他的每个细节，每个脚印，他的年轮是风镂沙磨出来的。他作为英雄，没有惊天动地的大事，然而，却有着波澜壮阔的豪迈。

英雄的十二五 / 121

参加十八大归来，王有德还为林场的每位职工带来了一份礼物——党的十八大纪念首日封。他对职工这样表述着自己参加十八大的感受："开幕式，中央领导步入会场，全场响起长时间的掌声。我的感受就是，我们党的伟大，国家的强大。报告的每一段关键时刻，掌声就会响起来。我感觉，这掌声体现了大家对在中国共产党领导下的祖国这些年发展巨变的信心，坚定了全国人民走中国特色社会主义道路的决心。"

世界记住了英雄的名字 / 123

摩尔多瓦共产党执行书记尤里·蒙泰安参观白芨滩后写下感言："只有在伟大的中国共产党的领导下，团结一心的中国人民才能够创造出如此伟大的沙漠奇迹！"英国保守党督导布郎先生说："我们只有一个地球，保护我们共有的家园，是大家共同的责任，白芨滩人创造的防沙治沙成果，令我们感到钦佩。"

■后记　大有大德英雄气 / 127

序 言

　　先进模范人物具有强大的精神力量，宣传先进、学习模范有利于引导社会整体价值取向，有利于弘扬积极向上的时代精神，有利于建设社会主义核心价值体系。王有德同志是宁夏走出来的先进模范人物，是宁夏生态文明建设的一面旗帜，入选"100位新中国成立以来感动中国人物"，既是对他个人的褒扬，也是对宁夏治沙人的肯定。

　　党的十八大把生态文明建设摆在了更加突出的地位，提出了建设"美丽中国"的美好愿景。宁夏地处西北地区，生态环境较为脆弱，是土地沙化现象最为严重的省区之一。近年来，宁夏牢固树立抓生态就是抓发展的理念，大力实施退耕还林、封山禁牧、防沙治沙、植树造林等生态工程，不断提升森林覆盖率和绿地覆盖率，尤其是防沙治沙工作取得了重大突破，治沙速度超过了沙化速度，在全国率先实现了"沙逼人退"向"人进沙退"的巨大转变。这种转变，离不开王有德这样一批长期奋战在第一线的治沙英雄，离不开他们日复一日、年复一年的劳动和付出。

　　王有德同志二十八年如一日，带领白芨滩防沙林场职工投身防沙治沙事业，长期与沙漠顽强斗争，种草固沙，造林防沙，总结推广"草方格"等多种防沙治沙模式，在浩瀚的毛乌素沙漠边上筑起了一道绿色屏障，白芨滩林场成为经济效益、社会效益、生态效益"三赢"的国家级自然保护区，被国内外治沙专家誉为世界综合治理沙漠的杰出典范。王有德本人也获得了"西部开发贡献奖""全国先进工作者""全国优秀共产党员""绿色长城建设奖章"等多项荣誉，是当之无愧的"治沙英雄"。由于工作关系我与王有德同志接触较多，作为土生土长的少数民族干部，他身上有着坚韧执着和敢想敢干的优秀特质。他之所以能长期扎根自然条件、生存条件恶劣的白芨滩地区，在平凡的岗位上干出不平凡的业绩，主要是源于对家乡真诚质朴的热爱和党员干部义不容辞的责任。他用自己朴实无华的言行为共产党员做了最直观、最实际、最生动的注解，是各级党员干部学习的榜样。

防沙治沙，是生态建设的重要任务，不仅是宁夏的大事，也是全国的大事。建设美丽中国，建设美丽宁夏，需要有更多的王有德式的模范涌现出来。希望广大党员干部认真学习王有德同志治沙播绿"拓荒牛"精神，积极投身生态文明建设的伟大实践，用自己的实际行动，筑起一道道绿色长城，为建设和谐富裕新宁夏、与全国同步进入小康社会做出新的更大贡献。

是为序。

王正伟

宁夏回族自治区人民政府主席

2012 年 10 月 26 日

与沙共舞

沙漠有史前形成和史后形成的两种类型，史前形成的如我国塔克拉玛干大沙漠，史后形成的如毛乌素沙漠、科尔沁沙漠，地理学称之为"荒漠化"。前者是不可治理的，后者往往人居量大、资源丰富，所以是人类治理的重点。

　　联合国对"荒漠化"的定义是，由于气候变化和人类不合理的经济活动等因素使干旱、半干旱和具有干旱灾害的半湿润地区的土地发生了退化。荒漠化，意味着人类将深受失去基本的生存资源的威胁。在全球荒漠化加剧扩大的趋势下，全球目前有100个国家，9亿多人口受其影响，预计这一数字到2025年将会翻番。1994年12月，联合国大会确定6月17日为"世界防治荒漠化和干旱日"。这个世界日意味着为防治土地荒漠化，全世界正迈出共同步伐。联合国防治沙漠化公约于1996年12月26日生效，其目的是利用创造性地方规划和支持性国际合作来预防并消灭造成沙漠化的条件。

　　中国是世界上沙漠化危害严重且面积最大的国家之一。1980年以来，中国荒漠化土地面积平均每年扩大2100平方公里，每天就有5.6平方公里的土地荒漠化。来自国家林业部的统计数字说，每年因沙漠化造成的直接经济损失超过500亿元，直接受其危害影响的人口约5000多万人。近年来，我国颁布了一系列的法规、政策，并于

2002年1月开始实施《防沙治沙法》，力图在2010年初步遏制全国荒漠化扩展趋势。党的十七大将"生态文明"写入报告，既是我国多年来在环境保护与可持续发展方面所取得成果的总结，也是人类对人与自然关系所取得的最重要认识成果的继承和发展。党的十八大报告进一步阐明，建设生态文明，是关系人民福祉，关系民族未来的长远大计，这充分体现了生态文明对中华民族生存发展的重要意义，实际上是建设和谐社会理念在生态与经济发展方面的升华。

毛乌素沙漠南缘

★★★★★

　　毛乌素沙漠，横跨宁夏、陕西、内蒙古三省（区），面积约4.22万平方公里，以新月型沙丘和沙丘链为主。在古代，毛乌素沙漠曾经水草丰美，是匈奴民族的政治和经济中心，至明清时，形成茫茫大漠。这是由于毛乌素沙漠周边人员稠密，沙进人退的历史一直在延续着……

宁夏地处黄河中上游地区，东、西、北三面分别被毛乌素、腾格里、乌兰布和三大沙漠包围，沙化土地主要分布在中部和北部的 13 个县市，毛乌素沙地、腾格里沙漠呈东西夹击之势，零星沙地中间开花，贺兰山东麓戈壁流沙扼颈封喉，全区直接受沙化影响的范围内，荒漠化土地面积达 297.4 万公顷，占全区总面积的 57.2%，其中沙化土地 118.3 万公顷，占全区总面积的 22.8%，高出全国平均水平近 5 个百分点，受影响人口 342 万人，占全区总人口的 57.38%，受风蚀沙埋的耕地 13.2 万公顷，草地 121 万公顷，受害村庄 668 个，铁路 122 公里，公路 875 公里，水渠 1921 公里，年经济损失 6107 万元。因土地沙化引起的扬沙、沙尘暴灾害，频率高，强度大，范围广。80 年代沙尘暴年发生次数为 5 次 17 天，90 年代年发生次数为 8 次 35 天，2000 年竟发生沙尘暴 14 次，是我国干旱及沙漠化危害最为严重的省区之一，也是风沙侵入祖国腹地和京津地区的三大主要通道中最为严重的通道。同时，也是全国沙尘暴四大源区中最为严重的区域之一。荒漠化不仅严重制约着宁夏经济社会的健康发展，而且严重影响着国家生态安全和人民生产生活。国际上一些恶意敌对势力，也以此攻击中国的生态建设。

毛乌素沙漠，横跨宁夏、陕西、内蒙古三省，面积约 4.22 万平方公里，以新月型沙丘和沙丘链为主。在古代，毛乌素沙漠曾经水草丰美，是匈奴民族的政治和经济中心，至明清时，形成茫茫大漠。这是由于毛乌素沙漠周边人员稠密，沙进人退的历史一直在延续着……毛乌素沙地在宁夏境内分布面积 1102.5 万亩，占毛乌素沙地面积的 12.32%，占宁夏沙化土地面积的

△ 灵武市关心下一代协会组织小学生到白芨滩了解治沙工作

62%，明长城从东到西穿过沙漠南缘，被宁夏回族自治区政府列为沙漠化重点防治区域和重点生态建设区。

据地质学者考证，古时候毛乌素沙漠一带是个水草肥美、风光宜人的牧场，是中原王朝著名的养马之地，曾经为匈奴、羌、铁弗、丁零、突厥、党项人所占据。明清以前，这儿曾是"风吹草低见牛羊"的肥美草原，由于气候变迁，干旱少雨，风多沙大，加之人口增长，畜群增加以及人为的滥垦、乱挖，危害并蚕食绿洲，使草原退化，水土流失，植被衰败，土地荒漠化程度不断加重，地面植被丧失殆尽，加上该地区的浅层地表都是由沙砾物质组成，因而逐渐形成后来的沙漠（沙地），演化成为如今的风沙源。

"回乐峰前沙似雪，受降城外月如霜。不知何处吹芦管，一夜征人尽望乡。"这是唐朝诗人李益笔下的毛乌素沙漠。史载回乐峰是指回乐县附近的山峰，回乐县故址在今宁夏灵武县附近。贞观二十年，唐太宗亲临灵州接受突厥一部的投降，"受降城"之名即由此而来。"一年一场风，从春刮到冬；沙子满地跑，沙丘比房高。"这是生活在毛乌素沙漠周边百姓的形象比喻。

在宁夏回族自治区的东北角的灵武市，毛乌素沙漠以集团军的阵势，对有着塞上江南美誉的宁夏平原和黄河虎视眈眈，疯狂逼近。上个世纪 60 年代初，苏联、匈牙利等外国专家面对浩瀚的毛乌素沙漠，提出利用黄土压沙、石子压沙和沥青压沙等技术试验，最终都失败了。一位苏联治沙专家望着茫茫沙海，他无可奈何地摇着头，留下一句"在这里永远也治不好沙漠"的慨叹，沮丧地离开了。经过几十年的西进，至上个世纪 80 年代，毛乌素沙漠入侵灵武市，流沙已越过东干渠，离中华民族母亲河——黄河东岸只有七八公里，而且每年以一亿吨的黄沙倾注进黄河，大有越黄河而西进，与腾格里沙漠合龙，吞并宁夏平原之势。

宁夏生态环境全面告急！

→ 何处是故乡

★★★★★

士不论穷达，离乡即可哀。多少人在离开故乡的那一刻，心里都有被割裂的痛苦与感伤，毕竟离乡是让人黯然神伤的事，都会在心里说，我会回来的，我会回来的。然而，王有德离开养育了他十八年的马家墙框子时，心里却说不出这样的话来，他甚至这样说，我再不会回到这个鬼地方来了，走得越远越好。

宁夏灵武市马家滩镇有一个村叫马家墙框子。对于这个小村庄，在十几年前，或许许多人并不知道，因为它只是毛乌素沙漠南缘的许多个普通的小村庄中的一个。但是在今天，马家墙框子村已是声名显赫，因为，100位新中国成立以来感动中国人物之一、全国治沙英雄王有德就出生在这个被毛乌素沙漠围困的村子里。

在许多人的情感世界中，故乡那真是储

藏着天真无邪活泼快乐的童年的宝库。可是，在王有德的记忆中，马家墙框子到处是黄澄澄的沙子，除了狂风，就是黄沙，除了黄沙，还是狂风，呼啸着，肆虐着，波浪一般起伏的沙丘就像排列整齐的军队，步步为营逼压过来，恶魔一样的毛乌素沙漠一发脾气，便飞扬跋扈，漫天的风沙席卷着村庄，天昏地暗中，一场风，农田被吞噬，一夜间房屋被掩埋。这是村里人必须面对的天气。

做饭锅盖挡不住钻进屋里来的风沙，上面不得不再盖上一层布，睡一觉起来，嘴巴里的沙子和牙磕在一起，噌噌的，被子上面浮着一层尘土，地上的沙子都能滑倒人，无孔不入的沙子让人们想摆脱都摆脱不了……这是村里人必须面对的生活。

更让人难以容忍的是庄稼的小苗刚出土，就被一场风沙埋死了，一年常常要种四五茬庄稼，还不一定有收成。更可怕的是一场突如其来的沙尘暴过后，总有羊被风卷走了，甚至孩子被风卷走的事也时有发生，费了九牛二虎之力修出一条路来，在一场大风过后无影无踪，想要去10里外亲戚家串个门也要走上两三个小时……这是村里人必须面对的现实。

"天上无飞鸟，地上无寸草，黄沙漫天舞，沙丘比房高。"

"一年一场风，从春刮到冬，天上无飞鸟，风吹石头跑。"

这些在当地广为流传的顺口溜，深深嵌在王有德的脑海里，王有德恨透了风沙。

俗话说，靠山吃山，靠水吃水，马家墙框子人靠沙吃沙。一个农民，种地没有指望，只能养羊、养牛，去沙漠里挖甘草、麻黄、沙苁蓉等，这些都是名贵的中药材，都是家庭副业的来源。然而，过度放牧、垦挖，植被破坏，土地退化，人类行为

△ 年轻时代的王有德

造成的恶性循环让风沙越发地猖獗，一天天胁迫着家园，被风沙埋过多次，只能不断向前挪地方再建个家，这成了马家滩人的生活常态。人退沙进，沙进人退，就这样年复一年地重复着，十几年里人们背井离乡，前后有 20 多个村子、3 万多人被迫迁移，200 多种动物随之消失……

18 岁那年，王有德全家和许多个家庭一样，被风沙逼迫得再次背井离乡，踏上了举家迁徙之路。

何处是故乡？对于生活在毛乌素沙漠边缘的人们来说，故乡在远方，在路上……

"窗前明月光，疑是地上霜。举头望明月，低头思故乡。"没有一个人可以随便抛弃和忘却故乡，这首妇孺皆知的《静夜思》，多少年来醉倒了多少漂泊的游子；"少小离家老大回，乡音无改鬓毛衰，儿童相见不相识，笑问客从何处来。"这是唐朝诗人贺知章老年归来时的感慨；"士不论穷达，离乡即可哀。白头孙七十，岁岁埽松来。"这是宋朝诗人刘克庄老年归来时的感慨。

人都有故乡，只要离开了故乡，就会产生对故乡挥不去赶不走的思念情愫，这种美好的情愫就是乡愁。士不论穷达，离乡即可哀，多少人在离开故乡的那一刻，心里都有被割裂的痛苦与感伤，毕竟离乡是让人黯然神伤的事，都会在心里一遍一遍地说我会回来的，我会回来的。然而，王有德离开了养育他十八年的马家墙框子时，却说不出这样的话来，他甚至这样说，我再不会回到这个鬼地方来了，走得越远越好。

日暮沙漠陲，力战烟尘里。是啊，这个村庄已经让他精疲力竭，心神俱伤，却看不到任何希望。然而，没有一个人可以轻易地割舍抛弃故乡，毕竟那是他生长过的地方，记录着他成长的年轮，留下美好的童年时光。但使主人能醉客，不知何处是他乡。故乡在王有德的心里并没有就此被抹去。

1984 年，王有德搭乘朋友的越野车又回了趟马家墙框子村王家窑子自然队。从离乡到现在，又十几年过去了，眼前的故乡已然是黄沙茫茫起高墙，残垣断壁若画杠。整个村子满目疮痍，就像一个残局，而连绵的沙丘，一望无际，飞扬跋扈、趾高气扬地沉压过来，仅剩的几户人家也是沙子埋去了半墙，

△ 上世纪80年代，白芨滩防沙林场职工还住在这样的旧房子里，生活十分贫困

他们只剩下一条路可走了——搬迁。

王有德凭着记忆找到自家的院落，他住过的那间小土屋已经不见了，曾经拴过驴子的那棵老杨树也没有了，它们被毛乌素的黄沙掩埋了，原本长满绿树的岗涝坝，已经光秃秃的，漫漫黄沙爬上了山顶。离此不远的麻黄湾是他的姥姥家，小时候和小伙伴一起挖过甘草、麻黄的头道梁已被黄沙埋了半截。此时的王有德，已在灵武市林业局工作了几年，他了解到就在这十几年间，方圆几十公里的土地上，前后有 20 多个村庄被黄沙掩埋，3 万多群众被迫迁移，100 多种动物因此消失……

望着这凄凉的景象，他在一座已经倒塌被沙漠掩埋的旧屋旁蹲下去，抓起一把沙，攥紧，再攥紧，然而，沙子从他手中还是一粒不剩地漏光了，他又抓了一把，攥紧，再攥紧，沙子又从他手中还是一粒不剩地漏光了……

王有德想起自己曾经做过的一个梦：十多岁的时候，有一回在沙漠里找烧柴，炎炎烈日的炙烤，蒸干了他浑身的水分，他口干舌燥，浑身乏力，他就想如果有一片可以纳荫乘凉的树林该多好，他晕晕乎乎地迷糊过去……他在沙漠中已经跋涉了许久，他希望找到一片树林，哪怕是一棵树也好，忽然，眼前出来了一片树林，当他鼓足气力扑过去的时候，一阵风沙卷过，呛鼻伤眼的沙尘把他呛醒，他又给逼回现实……那个时候，他坐在滚烫的沙子上就有了一个愿望，那就是希望自己能长成一棵树。因为只有树不怕风沙，可以永远站在沙漠里，而且，还可供人抵挡这毒辣的日晒。

王有德眼里噙着泪水，手扶断墙深深地叹了一口气。

此刻，他对"马家墙框子村"这个与他一生息息相关的村名有了新的理解。一个个因搬迁而拆得七零八落的院落，只剩下一堵堵墙壁，"马家墙框子村"这个名字不就是一种长期被沙漠逼迫不断迁移的村庄缩影吗！

后来，王有德听到了张明敏演唱的《梦驼铃》，感觉十分震撼，他觉得这首歌唱出了他的心里话：

攀登高峰望故乡 / 黄沙万里长 / 何处传来驼铃声 / 声声敲心坎 / 盼望踏上思念路 / 飞纵千里山 / 天边归燕披残霞 / 乡关在何方。

风沙挥不去印在 / 历史的血痕 / 风沙飞不去苍白 / 海棠血泪 / 黄沙吹老了岁月 / 吹不老我的思念 / 曾经多少个今夜 / 梦回秦关。

 # 比沙子还散的是人心

★★★★★

1985 年的白芨滩防沙林场，苗圃荒废，树木枯死……名为林场，却看不到绿色，满目疮痍，遍地苍黄。这个曾经取得辉煌成就，受到党和国家领导人表彰奖励的林场，如今却已濒临破产、崩溃的边缘，曾经被治理的沙漠面临着再次沙化的危险……

1985年3月，王有德被组织上任命为白芨滩防沙林场副场长。

白芨滩防沙林场建于1953年，位于宁夏灵武市东部荒漠区，处于宁夏平原与毛乌素沙漠抗争的最前沿，以特殊的地理位置，白芨滩防沙林场被赋予了有效阻止毛乌素沙漠的南移和西扩，减少向黄河的输沙量，确保黄河河床稳固的艰巨任务，同时，在保护有着"塞上江南"美誉的宁夏平原的万顷良田，改善宁夏首府银川市的生态环境等方面发挥着重要作用。

白芨滩防沙林场成立之初，名为盐灵防沙林场，隶属甘肃省建设厅。1954年，甘肃省建设厅将其移交河东自治州管辖。1955年，改由吴忠回族自治州管辖。1958年，宁夏回族自治区成立，白芨滩防沙林场移交灵武县，改称灵武国营林场。1970年，将自治区灵武柠条种子场并入后，改称灵武县白芨滩防沙林场，归属灵武县林业局管理。

虽然归属、名称改来改去，但白芨滩防沙林场的防风固沙、改善生态环境的公益型林场的性质没有改变过。

1959年，中国科学院治沙大队在林场设立治沙综合实验站，由专家、教授及大专院校学生组成治沙队伍，专门从事综合治理沙漠的试验研究。治沙实验站地貌组编写的《风沙移动规律研究总结报告》为固沙造林和机械沙障的设置提供了科学依据，丘明新等撰写的论文《宁夏灵武白芨滩植被的演替》在中国科学院治沙队第一次学术报告会上印发，林场被国务院评为"农业社会主义建设先进单位",受到表彰和奖励,周恩来总理亲笔题词嘉奖。林场技术工人杨学仁刻苦钻研育苗技术,提高育苗质量和出苗率,被推选参加西北五省区青年积极分子大会,同时被选为自治区农业战线先进个人,在北京受到党和国家领导人毛泽东、朱德、刘少奇、周恩来的亲切接见。上个世纪70年代初,十余年的时间里,林场广大职工先后在四任领导的带领下,秉承艰苦奋斗的优良传统,开荒造田,打井引水,植树造林,1966年到1971年,共完成人工营造固沙林14500亩,控制流沙5万亩,建苗圃250亩,提供造林苗木100万株,采集花棒、柠条、沙枣树种子3万公斤。

然而,当王有德踏入白芨滩林场后,展现在他眼前的景象让他心寒了。

此时的林场,满目疮痍,遍地荒凉,苗圃荒废,树木枯死⋯⋯名为林场,却看不到绿色,一片苍黄。这个曾经取得了辉煌成就,受到党和国家领导人表彰奖励的林场,如今怎么变成了这个样子?

原因何在?

一百多名工人在干什么?

作为分管经营的副场长,王有德开始寻找林场环境恶化、先进垂败的原因。

三个月的时间里,王有德在沙漠中穿行,在林区内调查,到职工家走访。了解到的情况让他备感震惊。"抬头望见北斗星",这是上个世纪六七十年代一首广为传唱的歌中的一句,到了八十年代中期,却成了白芨滩防沙林场工人居住条件的真实写照,低矮破旧的土坯房,"风天进沙,雨天漏水"。一个雨天,

△ 逐渐走进历史记忆的职工住房

王有德走进一户职工家中，看到他家里摆着许多小碗，在接漏的雨水，接满倒掉，接满倒掉……

当他走进工人吴全礼的家里，一家人正在吃饭，看见王有德进来也给他盛了一碗。王有德端起一看，白汤白水，不见一滴油花。他的眼里湿润了。

马学升、孙喜、郭登玉、兰志国……他一家一家走着，见到的情景与吴全礼家如出一辙，四五口人挤在一间抬头看得见阳光与星星的小屋子里，一大家人仅靠每月四五十元的工资，别说一年吃上几顿肉和几斤鲜菜，就连饭食也常常断顿……

来到职工贺秀丽家，看到他进了屋，女主人急忙将锅盖盖上，她的反常举动引起了王有德的注意。他执意揭开锅盖舀了一口饭，一尝明白了，原来这家人吃的是用酱油拌的米饭。咽下这口饭，他半晌没说话，从衣兜里掏出了5块钱，死活交给了贺秀丽，说："给孩子买点肉吃吧。"贺秀丽趁着他和一家人闲谈的时间出去了。一会儿工夫她回来了，手里多了一袋东西。她说："场长你给的钱我买了一斤盐，还剩下四块五毛钱还给你，谢谢你了，场长，我们家好长时间都没吃盐了。"王有德的心被狠狠捏了一把，这就是一位林场一成立就战斗在防风固沙一线的老职工，把一切都奉献给了阻拦毛乌素沙漠侵犯的大业上，可他们不得不面对贫困交加，疾病缠身，多少年的日子就这样粗糙地过下来了。

△ 年轻时代的王有德

家徒四壁，一贫如洗，点的是煤油灯，喝的是含氟量很高的水，从场部到各护林点的路全被沙子埋没了，仅有的交通工具是一辆三轮摩托车，吃粮、吃菜要靠人从 50 公里以外的灵武城里背进沙漠里，孩子上学、职工有病都是投亲靠友……

王有德在调研笔记中这样写道："组织上安排我到白芨滩工作，开始觉得到这里荒毛石岗，能有啥作为？年轻人生活应该有志向，现在我突然明白了，能让这些朴实的职工有活干，有钱挣，有盐吃，不就是我的志向和目标吗？"

举步维艰

"三个不走"

★★★★★

　　大会上，王有德没有豪言壮语，他向职工们郑重地做出"三个不走"的承诺："全场的贷款不还清，我不走！困难职工住不上新房，我不走！眼前的沙区不变成绿洲，我不走！"有人用这样的话形容王有德的为人处事：唾口唾沫都是钉。话说出去了，那就是必须要做到的。

　　林场召开植树造林大会，王有德走进会场，发现好多职工都没有到会，整个会场稀稀拉拉没坐几个人，到场的工人也是无精打采，给王有德的感觉简直就像是从战场上溃败下来的残兵败将。

　　王有德没有发火，他太理解工人们的心情了。

　　作为以防风固沙、改善生态环境为主的公益性林场，白芨滩防沙林场每年的全部收入来源就是财政下拨的 15 万元，既要养活

198 名工人，又要保证造林育苗等生产任务。治理一亩沙地，成本需要好几百元，而国家每亩只给 50 元补贴，资金缺口很大，可以说已经到了无以为继的地步，职工全年收入仅有几百元，三分之一的人要求调走。然而，令王有德奇怪的是，林场的生产任务基本都是雇来的民工干，工人却只负责带工，做甩手掌柜，导致职工每年有七个月闲得没事干，生活十分贫困，造林、育苗只完成任务不管质量，以致年年育苗年年无苗用，已治理的沙漠面临再次沙化的危险。更可怕的是长期艰难困苦的生活让职工的心比黄沙还散，林场的生产经营举步维艰。

这是一次毫无生机的会议，也是王有德非常尴尬的亮相。

办公室的墙壁上，周恩来总理签署的嘉奖令和全国科学大会颁发的科技奖状装在镜框里，赫然在目，王有德拭去上面的灰尘，伫立在前面，陷入了沉思。

15 万元财政拨款，既要养活 198 名工人，还要保证造林育苗、采种和成幼林抚育等林业生产任务，听上去就像是天方夜谭。民以食为天，职工的温饱都没有保障，又如何去完成防风固沙、改善生态环境的目标任务呢？

这不能怨职工，职工没有错，为了防风治沙，他们真是献了青春献终身，献了终身献子孙，如

△ 全国面积最大、长势最好的天然柠条植物群落一隅

今却生活在这样难以自拔的窘迫之中，如果不改变他们的生活处境，让他们富起来，真是对不住他们呀。

必须改变林场现状，改善职工生活，使命与责任在王有德心里形成一股不可阻挡的潮涌。要想治沙就要先治穷，留住人，把职工的积极性调动起来，才能实现防风治沙的目标。

大会上，王有德没有豪言壮语，他只是向职工们郑重地做出"三个不走"的承诺：

全场的贷款不还清，我不走！

困难职工住不上新房，我不走！

眼前的沙漠不变成绿洲，我不走！

有人用这样的话形容过王有德：唾口唾沫都

是钉。话说出去了，那就是必须要做到的。

然而，面对毛乌素滚滚沙漠，白芨滩林场的出路何在？

王有德坐在黄沙梁上，口中咀嚼着苦涩的苦豆叶，望着茫茫苍苍的毛乌素沙漠，几乎是抠烂了头皮。

"光鼓励职工发扬吃苦精神治沙，是不能成功的，必须要有激励机制。只有职工富了，林场富了，才有资金反哺治沙，才能形成良性循环。"

"治沙必先治穷，让职工富起来再治沙，让沙漠绿起来！"

王有德这样对自己说。

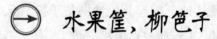

⊙→ 水果筐，柳笆子

★★★★★

一只筐2元多，一条沙柳笆子3元多。如果办个柳编厂，将柳条子编成筐、柳笆子，完全可以为职工挣回一些"菜钱、粮钱、油盐酱醋钱"，还可为闲散人员找一条出路……

四月的沙漠，已经是很热了，王有德往沙漠深处走去，一丛丛沙柳形如火炬，茂盛无比。沙柳是沙漠常见的植物，属于速生多年生灌木，根系发达，成活率高，适应性强，枝条丛生不怕沙压，越压越旺，繁殖容易，萌蘖力强，具有干旱旱不死、牛羊啃不死、刀斧砍不死、沙土埋不死、水涝淹不死的"五不死"特性。春季来临时，风沙肆虐，沙丘平移，不管沙柳被埋得多深，只要露一个头在外面，它就能够茁壮成长。长于地面三四米高，扎于地下的根系像网一样寻求养分向四处延伸，非常发达，最远能够延伸到 10 多米，一株沙柳就可将周围几十平方米的流动沙丘牢牢固住，是最理想的固沙造林树种。沙柳这种沙生灌木还能像割韭菜一样，具有"平茬复壮"的习性，越砍越旺，倘若不去砍掉长成的枝干，过不了三年，它们就会成为枯枝。

　　每年入冬平茬后会产生数量可观的沙柳条子，除了一部分林场工人拉回来当柴火烧，取暖做饭，大片被砍下来的沙柳枝子就那么丢弃在沙漠中，成了没用的废物。

　　王有德从地上拣起几根沙柳条子折了折，柔韧的枝子被弯成了几个圈，王有德忽然灵机一动，为什么不利用起来呢? 他有了一个想法 : 建柳编厂!

　　建柳编厂，王有德基于这样的思考 : 一是灵武，种植果树已有 1500 多年的历史，是著名的"水果之乡"，自古就有"贺兰山下果园城，塞上江南旧有名"的美誉，生产的水果远近闻名，深受人们的欢迎。那时候盛装水果全用水果筐，水果筐的需求量很大。在林业局工作几年，这一行情他很了解；二是白芨滩林场毗邻灵武矿务局，开矿挖煤，矿井地下需要柳笆子挡煤，

柳笆子的需求量也很大；三是煤矿拉输电线路
要用筐装大大小小的瓷瓶，筐的销路自然不是问
题。

　　王有德立即做了市场调研，形势很是喜人，
一只筐 2 元多，一条沙柳笆子 3 元多。如果办个
柳编厂，将柳条子编成筐、柳笆子，完全可以为
职工挣回一些"菜钱、粮钱、油盐酱醋钱"，还
可为闲散人员找一条出路。

　　王有德立刻提出来建编织厂的设想，得到了
林场其他领导和职工的支持。说干就干，他立刻
带人平整场地，四处寻访工匠，很快一个由十多
人组成的柳编厂成立了。之后，他背着干馍出门，
奔波于周边的矿区、县、市、林场、果园，远走
内蒙、陕西，搜集各种信息，一个月的时间马不
停蹄，他带回了一批购买水果筐、瓷瓶筐、柳笆

子的合同，那些被人们认为只能烧火做饭的沙柳条子一下子成了炙手可热的宝贝。

为了鼓励职工大力发展柳编业，王有德对职工完成的沙柳平茬任务按面积核定投资，职工完成的柳编产品由场里协助销售，收入归职工个人所

△ 白芨滩防沙林场工作人员上街开展宣传活动

有。职工完成的平茬面积越多，收回的柳条量越多，完成的柳编任务就大，收入就相对高。此举措实施后，极大地鼓舞了职工干劲，使林场职工双盈利，至2005年每年仅柳编可增加收入十几万元。

为了解决职工的生活问题，王有德又提出利用能灌上水的幼林中的空地，发展种植业，种植一些不影响树木生长的低矮的经济作物和粮食作物，此举大大丰富了职工的生活。

以前只靠财政拨款过日子的职工，有了活干，辛勤劳作正转化成经济效益，工人们的积极性也调动起来了，温饱问题基本得到解决了。白芨滩防沙林场的职工尝到了多种经营的甜头。

成立柳编厂，王有德的初衷是缓解职工的

拮据生活，然而，一个小小的柳编厂使职工们信心大增，沉睡多年的白芨滩被激活了。这是王有德为白芨滩防沙林场推开的一扇新窗，尽管这扇窗口还很小，但却吹进来一股新风，随着编织厂的效益越来越好，柳编厂开辟鸿蒙的重要意义越来越显示出来，职工看到了鲜活的希望，王有德看到了林场的未来，他长舒了一口气，为了进一步提高工人的积极性，让工人多劳多得，创造更大的效益，一个大胆改革的思路逐渐成熟了。

 # 重锤敲响鼓

★★★★★

精简后勤管理人员，取消一线职工工资级别，实行工效工资，将全场林业生产任务分解承包到职工手中，彻底改变了过去"造林抚育靠民工，林场工人只带工"，只讲数量不讲质量和效益的工作方式，让职工"干自己的活，挣自己的钱"。重锤敲响鼓，劳动用工制度的改革，使白芨滩防沙林场在全国率先打破了国有林场"铁饭碗"，为国有林场改革提供了一条可借鉴的经验。

几个月潜心调查，白芨滩防沙林场林业生产徘徊不前的原因逐渐清晰起来：

一是受计划经济体制下粗放管理的影响，导致白芨滩防沙林场的林业生产在低质量的重复中维持，年度下达的防风治沙任务无法完成；二是干部职工观念陈旧等因素的影响，导致林场工人一年中七个月无事可做，年年育树苗年年无苗用，已治理的沙漠面临再次沙化的危险；三是职工全年才几百元的收入，导致198名职工生活举步维艰，三分之二的职工要求调走，白芨滩防沙林场处在维持边缘，随时都有崩溃的可能。这是白芨滩防沙林场面临的困境，也是当时全国同类型林场中，共同存在的问题。

职工贫困窘迫的艰辛生活让王有德开始思考奉献的价值。

传统中的奉献精神有一句经典话语：献了青春献子孙。治沙中也有现代治沙，后代致富的说法。治沙是要讲奉献的，但是奉献并不是让他们放弃生活，既要治沙，也要致富。奉献，是一种境界，是要建立在温饱有保障的基础上，如果只讲奉献，而不能实现理想目标，这种奉献是没有意义的。

虽然说白芨滩防沙林场是一个以防风治沙为主的公益性林场，靠的就是政策补贴，但随着改革开放的全面推进，在市场经济日渐活跃的时代，光靠政策补贴显然已经不能适应改革开放的大潮，没有第二、三产业的支撑，不可能养活治沙。

改革势在必行！要使林场彻底摆脱困境，必须从管理上动手术！

经过深思熟虑，王有德提出了"内改经营机制，外拓生存空间，靠创新求发展"的深化改革方案。他说，防沙治沙是一项周期长见效慢而且只有生态效益、社会效益没有经济效益的事业，只有强大的经济基础做后盾，我们的防风治沙事业才会有更大发展，才能有更大的生态效益和社会效益。重锤敲响鼓，打破铁饭碗，王有德强力推出他的三项改革措施：

一是精简后勤管理人员，将原来的28人减到16人，当年减少人头经费2万元；二是取消一线职工工资级别，实行工效工资；三是将全场林业生产任务分解承包到职工手中，彻底改变了过去"造林抚育靠民工，林场工人只带工"的只讲数量不讲质量和效益的工作方式，让职工"干自己的活，挣自己的钱"。

然而，"打破铁饭碗"这样的改革，在当时的形势下，阻力还是很大的，毕竟这事关职工的"身份"以及以后的诸多问题，风险很大。吃惯了大锅饭的工人对此想不通，甚至还有抵触

△ 白芨滩防沙林场开展多种经营，为职工打开致富之路

情绪。王有德知道这事急不得，需要一个过程，对于工人们来说，现在说什么都是白说，他们在计划经济体制下懒惯了，也穷怕了，只有让他们得到实惠，看到实实在在的经济效益，他们才会承认改革，愿意改革！

虽然阻力很大，但王有德力排众议，改革全面推开，他在会上说："要想让沙漠绿起来，必先让职工富起来，要想让职工富起来，一定要让场子活起来！"

在具体推开过程中，针对过去造林、抚育等工作大都靠雇用民工完成，林场工人只带工，一年下来，用工不少，成效不大，为了提高工作效率，增收节支，林场工人全部实行合同制，打破工人工资界限，取消工资级别，实行计件工资，同工同酬，按劳取酬，辞退所有民工，造林、抚育等林业生产任务全部分解承包，由职工自己完成，实行包栽、包活、包管理、包费用、超奖减罚的管理办法。为了严格用工管理制度，防治虚假用工、人情用工和不必要浪费用工现象发生，对各项生产工序进行测试，制定每个工日应完成的工作量标准，实行劳动定额管理制：即对每项生产管理工序，依据定额标准核定人工费总额，超支不补，结余归己。林场所有工程或林业生产全部实行内部公开招标、承包，每月只预付70%的工资，年终再按任务完成情况决算兑现，既保证了工程质量和苗木成活率，又有效地控制了用工数量，提高了工效，节省了不必要的开支，从而使造林成活率有了较大幅度的提高。同时，制定岗位责任制，包括场长在内的每个管理人员向下浮动一级工资，视其工作成绩年终考核兑现；将汽车、农用机械等承包给职工，实行绩效挂钩，允许职工自谋职业，允许职工停薪留职，允许职工创办企业。

劳动用工制度的改革，使白芨滩防沙林场在全国率先打破了国有林场"铁饭碗"，为国有林场改革提供了一条可借鉴的经验。

 ## 北沙窝沙丘上的曙光

★★★★★

　　打制砌渠用的水泥板，其他组一天最多打 210 块，而王有德和职工搞竞赛，比着干看谁打得多，他所带的组最多一天竟打了 580 块。背水泥板砌渠正是三伏天，沙漠温度高达 60℃，空走脚都会深陷进滚烫的沙漠，一块水泥板 25 公斤，职工每趟只能背一块，而他一背就是两块，肩膀晒破了皮，脊背被水泥板磨破，脚上也烫出了大大小小的水泡，汗水浸在伤口上就像撒了盐一样钻心痛，他依然坚持着……

　　如何治穷，有道是靠山吃山，靠水吃水，白芨滩防沙林场靠沙，那就还得向沙荒要利润。万顷沙漠，对于社会来说是灾难，但对

于林场工人来说，那就是
财富！

△ 林场一隅

为了打开局面，1986
年 5 月，王有德提出在灵武
市县城以北的北沙窝流动
沙丘地带开发 500 亩沙漠，
种果树发展经济林。他的
想法得到了时任灵武县县
长马文礼和副县长冯礼二
位领导的大力支持，然而，这一计划的提出，在
林场内部引来一片质疑声，响应者更是寥寥无几，
计划陷入了"一分钱憋死英雄汉"的窘困之中。

经历长期窘迫的生活，白芨滩人穷怕了，每
年 15 万元的财政拨款发工资都捉襟见肘，那可
是吃饭钱，而在北沙窝流动沙丘地带开发 500 亩
果园经济林，分明是个花钱的事。可以说既无钱，
又无技术，还缺人手，这完全可以称得上是一个
"三无"工程。对在北沙窝流动沙丘地带建果园，
大家持怀疑态度。

对于这一现实，王有德不是不明白，但工程
必须上马。他深有感触地说："现在治沙最困难
的是缺资金，如果没有艰苦奋斗、自力更生的精
神，就啥也别想干。"

他又说："虽然我们一无所有，但我们有白
芨滩人几十年与风沙搏斗磨砺的负重拼搏吃苦

耐劳的优良传统，我们完全可以用精神凝聚人心，鼓舞干劲，提振信心。"

沙漠中十几年的生活经历，培养了王有德面对沙漠刚烈的性格，认准的事一旦付诸行动就会显出雷厉风行的魄力来。

工程一上马，王有德带领一班人进驻工地。他和职工一样，住在工地临时搭建的简陋帐篷里，吃的是工地上刮进沙子的饭，早上一起来头发上、脸上、被子上都是一层细沙。王有德这个场长和工人没什么两样，整天灰头土脸，满身泥垢。

打制砌渠用的水泥板，其他组一天最多打210块，而王有德和职工搞竞赛，比着干看谁打得多，他所带的组最多一天竟打了580块。背水泥板砌渠正是三伏天，沙漠温度高达60℃，空走脚都会深陷进滚烫的沙漠，一块水泥板25公斤，职工每趟只能背一块，而他一背就是两块，肩膀晒破了皮，脊背被水泥板磨破，脚上也烫出了大大小小的水泡，汗水浸在伤口上就像撒了盐钻心地痛，他依然坚持着……

在建果园的泵房时，王有德和职工一道往房顶上运送空心板。当一块板

△ 北约议员大会经济与安全委员会代表在白芨滩考察

快拉到房顶时，突然脱落，沿着支架滑落下来。职工有危险，他狠劲推开身边的职工，毫不犹豫地冲上去用身体阻挡滑落的空心板。职工化险为夷了，他自己却被砸得不省人事，大家的叫声、哭声连成了一片，七手八脚准备抬他上医院，他却摆了摆手："不碍事，大家抓紧干活吧。"说着，吃力地站起身来，继续坚持在施工现场。第二天，他拖着受伤的身子，又去北京反映马家滩油田过度开采林区地下水，造成林区个别水库水源枯竭、近千亩苗圃损失惨重的事。直到几年后，王有德因为劳累过度住进医院，在检查身体时，大夫意外发现他的肋骨陈旧性骨折，想来想去，觉得应该就是北沙窝开发那次事故落下的。

就这样王有德身先士卒、带头苦干，白天，和职工一起推沙平田砌渠道，挖坑施肥栽树苗，夜晚，点着煤油灯规划和布置第二天的工作。离家仅 3 公里，王有德最长一次竟 50 多天没回家，作为一个领导，他带头苦干，职工还能有啥话可说？

王有德正是凭着自己的亲历亲为，激励并感召着工人们不计个人得失，投入到果园的开发建设中来。

"王有德不像个场长，倒比工人更像个工人，能干，下茬，没架子。"

这是工人们一致的看法，这看法拉近了王有德与工人的距离，也拉近了场领导与工人之间的距离，白芨滩防沙林场工人们负重拼搏的传统精神被领导团队同甘共苦的干劲感召了，凝聚了，积极性调动起来了。

北沙窝经济林的建设，给王有德吃了定心丸，他看到了林场工人依然保持负重拼搏、艰苦奋斗的本色，对林场的未来充满了信心。

经营高手

一个柳编厂开启了林场的发展思路，三大改革措施激活了林场的人力资源，500亩经济林见证了白芨滩人的实干奉献精神，职工们"干自己的活，挣自己的钱"，干劲被唤醒，王有德"跳出林业干林业"的思路逐渐清晰起来，改革的胆气越来越足，他和班子成员反复研究，制定了"以林为主，林副并举，多种经营，全面发展"的兴场方针，白芨滩防沙林场多种经营的序幕拉开了。

第一桶金

★★★★☆

　　或许，这4万元在现在看来并不算什么，但对于白芨滩防沙林场来说，意义重大，一方面4万元在当时不是个小数目，因为每年的财政拨款全场才只有15万元，一方面砖厂盈利这是白芨滩防沙林场多种经营淘到的第一桶金，极大地提振了白芨滩人对多种经营的信心。

　　吃不穷，喝不穷，谋算不到一世穷。王

有德有一颗善于谋算的脑袋,捕捉市场商机的眼光。

宁夏最大的煤田——宁东煤田就在林场边上,南北长约 120 公里,东西宽约 40 公里,含煤面积约 3500 平方公里,已探明的储量就有 270 多亿吨。其主要煤种为不粘结煤,特点为低灰、低硫、特低磷,被国务院确定为全国 13 个大型煤炭基地之一。随着煤炭开采业的日渐升温,灵武矿务局基础设施建设越来越多,王有德敏锐地看到了建材市场的巨大商机。

白芨滩防沙林场有着土地、劳动力及地理位置的优势,这为发展多种经营,解决职工就业,壮大集体经济实力提供了条件,为了充分发挥优势,在区内外反复考察、调研、论证和酝酿的基础上,广泛征求各方意见,王有德提出在林场建设灵白机砖厂。

因为林场缺乏资金,砖厂的建设采取合资形式,预算投资 85 万元,其中合资方投资 55 万元。然而,当林场将

△ 林场职工在沙区劳动

30多万元贷款全部"砸"进基础建设之后，合资方却突然毁约撤资。30多万元，那就是林场两年的财政拨款，对于他们来说，建设机砖场那就等于是砸锅卖铁啊，给工人如何交代？

机砖厂的建设让王有德领略了市场的无情。那段日子他肩负着难以想象的压力。白天吃不下饭，晚上睡不着觉，过度的操劳，使他落下了严重的神经衰弱症，人是一圈一圈瘦，一位老领导碰见他几乎认不出来了，说："这人怕是撑不住了。"就在这个时候，林场班子内部也出现了不同的意见，有人甚至说："开发果园还能吃上苹果，砖头能带回家当饭吃吗？捅下这么大的窟窿，责任谁来负？"

背负着沉重的包袱，王有德四处奔走，寻求合作伙伴。有道是"吉人自有天相"，王有德的转机完全来自于他平素为人处事的正直和认真。他一心为公的作风，感动了时任郝家桥乡建筑公司经理吴忠和东塔机砖厂厂长朱天宝。两位老板倾情相助，垫付24万元，建窑砌烟囱，白芨滩防沙林场度过了一劫，王有德却脱了一层皮。

1990年9月，灵白机砖厂建成投产，22日，砖窑与北京亚运会同时点火，至年底，短短几个月时间就盈利4万元。

或许，这4万元在现在看来并不算什么，但对于白芨滩防沙林场来说，意义重大，一方面4万元在当时不是个小数目，因为每年的财政拨款全场才只有15万元，一方面砖厂盈利为林场淘到了多种经营的第一桶金，极大地提振了白芨滩人对多种经营的信心。

砖厂让王有德的多种经营迈出了坚实的一步，他抓住时机，大胆决策，顺势建起了预制厂。

△ 美联社等新闻媒体记者在白芨滩采访

砖厂、预制厂两个建材企业建设起来后，呈现出良好的经济效益，五年时间便收回一百多万的全部投资。为了适应市场经济发展的需要和扩大再生产的需求，赢得更大的利润空间、经济效益，王有德对砖厂、预制厂实行了股份制改造，成立灵武市第一家股份制公司，实行股份制经营，通过内部深化改革，转换经营机制，控制生产成本，精简和压缩非生产人员，严格加强内部经营管理和销售管理。砖场、预制厂的生产效率大幅度提高，走上更为科学的发展道路，呈现出蓬勃生机，经济效益不断提高。采取入股自愿，退股自由的办法，股东当年就分红20%，分红最高的达8000元。打破了大锅饭，激活了分配机制，职工们的积极性一下子被调动起来，收入得到大幅度增加，原来不愿入股的职工，后来抢着入股。

两个建材企业自建设以来，累计实现产值1959万元，实现利税238万元。平均每年为林场治沙造林提供30万元资金，大大弥补了林场治沙造林经费不足的缺口，加快了治沙造林的步伐。

 # "绿色银行"

★★★★★

在白芨滩防沙林场，宁夏灵武苗木花卉绿化工程服务中心有着"绿色银行"的美誉。3200平方米的工厂化育苗车间里，数万株小树苗，嫩芽碧翠，油光闪亮，生机勃勃，欣欣向荣。王有德伏下身去，轻轻抚摸着，脸上洋溢着迷醉的笑容，那是父亲在看子女时才有的幸福的笑容。

在白芨滩防沙林场，宁夏灵武苗木花卉绿化工程服务中心有着"绿色银行"的美誉。这是因为"苗木花卉中心"从成立以来，为林场增加了数千万元的经济效益，圆了职工发家致富的梦想，更为林场治沙造林的快速高效发展提供了后劲。

苗木是林业生产的基础。每年植树造

林任务一下来，王有德都因为调苗子而长途奔波。尤其是当林场走出生活和治沙的困境，开始承揽周边的一些绿化工程，苗木、花卉的用量越来越大时，作为一个林场，经常去外地调苗子，除了花销大之外，林场苗木、花卉的利润都让别人挣走了，这让王有德心里不爽，更觉颜面无光，用王有德自己的话说："自己穿着没裆裤，还年年为他人做嫁衣。"

为了充分发挥林场人力、技术优势，培育更多更好的苗木，提高经济效益，增加干部职工收入，促进城乡绿化事业的发展，1994 年，王有德把握苗木花卉市场需求渐旺的利好商机，毅然决策投资 40 万元建立苗木花卉公司。公司一成立，就构建起现代企业框架，建立健全了花房苗木生产、苗木培育、苗木销售等管理制度，实行独立核算，自主经营，自负盈亏，通过整合干部职工技术队伍，加强苗圃经营管理和监督检查，鼓励职工参与花房、苗木生产和销售，并给予一定的报酬和提成，由花木中心与育苗户直接落实育苗面积和树种，并签订了苗木供销合同，有力地提高了职工育苗的积极性，公司成立当年，即与职工签订育苗合同 52.3 亩。场里还将市林业局果品基地 100 亩老化的果园改造成苗圃，培育爬墙虎、连翘、丁香、刺玫等苗木，并继续加大樟子松、桧柏、侧柏、云杉等苗木的培育，用于绿色通道工程和城市街道绿化。

随着灵武矿区的开发建设及城市绿化投入加大，王有德立刻做出反应，调整种苗结构，培育适应城市绿化的良种壮苗，1995 年和 1996 年从河南、山西、六盘山等地引进千头椿、华山松、桧柏、云杉及花灌木等近 30000 株培育和训化，增强苗木适应性，提高苗木抗逆性。为增加花卉品种、扩大影响，满足顾客要求，

1997年从广州调入数千盆花卉，进行培育繁殖。职工按合同要求从选种、育苗到田间管理，精心操作，提高单位产苗合格率。在苗木培育过程中，为了把苗木推向市场，场里号召干部职工积极行动起来销售苗木，每年花木中心实行收入大包干，采取销售额与工资挂钩的办法，激发和调动管理人员和职工销售苗木的积极性，春季是苗木销售黄金季节，花木中心负责同志和部分职工主动走出花房自找门路，各显神通，联系业务，推销苗木，花卉苗木很快占据了灵武及周边吴忠、银川等地花卉市场，并远销甘肃、陕西、内蒙等地。

2001年，王有德又抓住西部大开发退耕还林、封山育林（草）政策和中日治沙造林项目机遇，出台一系列政策，职工培育沙生灌木苗积极性急剧上升，仅2001年就成功培育100余万花棒、柠条、杨柴、沙拐枣等沙生灌木苗。

为了确保项目造林用苗和承揽的古王路绿化工程用苗，王有德再次出台优惠政策，免费提供土地，承担水电费，职工谁育苗，谁投入，谁受益，充分调动起广大职工的育苗积极性。承担育苗重任的大泉分场把苗木培育工作当作全年重中之重的工作来抓，进一步明确了责、权、利，把育苗任务分解到每个职工身上，从整地、播种、施肥、保苗一包到底。另外，在加强造林苗木培育工作的同时，继续瞄准绿化苗木市场，在抓好现有留床苗木管理的基础上，又引进了紫叶李、紫叶矮樱等试验新品种18个。

随着苗木培育基地不断扩大，苗木品种越来越多，苗木产业逐渐形成了一定规模，为林业发展和项目工程实施打下了坚实基础。2002年，王有德对所有苗圃实行了苗木股份经营改制，在原花木公司的基础上，成立了灵武苗木绿化股份有限责任公

△ 人工林区

司，由总公司、分公司、职工个人以不同形式共同参股的股份制经营实体。总公司下设了白茨滩、甜水河、北沙窝、大泉四个分公司。经营苗圃总面积343.2亩，有各类苗木342810株，苗木评估做价为72.9万元。公司修订完善了经营章程，选举产生了公司董事会，有41名职工以货币资金、28名职工以劳入股，成为公司股东，参与管理。苗木股份经营体制把苗木培育、销售、管理全面推向市场，使苗木经营走上了以市场需求为先导，全体股东共同管理，共担风险，共享利益，在竞争中求生存谋发展的科学轨道。职工看准了绿化和苗木的广阔市场，积极踊跃，纷纷拿出积蓄，变死钱为活钱，参与投股，仅半个月内，就吸纳股金32.2万元。由职工身份到股东身份的转变，参与意识、经营意识大大增强，工作态度大为改变，工作热情明显提高，责任心普遍加强。在全体股东的努力下，当年各类苗木实现销售收入168.5万元，股东得到了入股分红的实惠，苗木股份制经营呈现良好发展势头。为了形成规模，丰富品种，提高市场竞争能力，更注重培养大苗，增加苗木科技投入，增强苗木市场竞争力。

三年来，从河南等地又引进了黄杨、金叶莸等苗木花卉，苗木销售由过去拖关系找门路，转变为客商上门订购，尤其是公司培育的樟子松畅销区内，供不应求。苗木公司逐渐发展成为全区花卉苗圃的排头兵。

"苗木花卉中心"自成立以来，累计投资300多万元，建成了1600余亩的苗木基地，共出圃2000多万株苗木，累计创收3000万元，不但解决了本场的造林用苗，还成为弥补林业生产资金缺口的"绿色银行"。

2011年7月5日，由韩国韩华集团出资600万元无偿援建的太阳能光伏发电项目设备在大泉治沙实验区开始运行。这是国外财团第一次在中国西部以无偿援助的方式，建立的节能环保型光伏发电系统推广试点。

王有德兴奋地说："如今在沙漠里，我们能利用太阳能实现四季培育树苗。靠太阳能发电系统，3200平方米的工厂化育苗车间，一年四季都可以育苗，预计每年可出5批树苗，这样，我们就能为沙漠披上更多的'绿衣裳'，提高治沙的速度和效率。我有能力有信心，带领工人创造更多的生态效益和经济效益。"

3200平方米的工厂化育苗车间里，数十万株小树苗，嫩芽碧翠，油光闪亮，生机勃勃，欣欣向荣。王有德伏下身去，轻轻抚摸着，脸上洋溢着迷醉的笑容，那是父亲在看子女时才有的幸福笑容。

也正是有了育苗车间和白芨滩林场职工们承包的苗圃基地，林场下属的绿化公司承接的绿化工程才得以"有米下锅"，进入市场后取得经济效益，为治沙提供资金保障。

➡ 锻造品牌

★★★★★

> 王有德的目光又瞄上了日渐热起来的绿化工程，他认为这是一个林场多种经营必须占领的市场，而白芨滩防沙林场有技术支撑，有劳动力资源……

有人这样说过，如果王有德给自己干，至少现在是千万富翁，因为他脑子好使，目光敏锐，思路开阔。

在国家实施西部大开发政策，宁夏及周边地区道路交通等基础设施和生态环境建设进程加快发展的有利形势下，王有德的目光又瞄上了日渐热起来的绿化工程，他认为这是一个林场多种经营必须占领的市场，而白芨滩防沙林场有技术支撑，有劳动力资源，因此，及时注册成立了灵武市添保治沙造林有限公司。

从1994年起，王有德就开始尝试着在

社会上小范围地进行小段绿化工程施工，这便是林场投入绿化工程施工的雏形。他们先后完成了矿务局中心区景观绿化工程，大古铁路治沙造林绿化工程，大古公司古窑子车站绿化工程，灵武县水电局院落绿化工程等30多处大中小型绿化工程，积累了

△ 自治区主席王正伟在白芨滩调研

一定的经验。承担这些绿化工程，既解决了林场培育的花卉苗木销路问题，又拉动了林场经济迅猛向前发展，职工尝到了走向市场参与竞争，搞多种经营的"甜头"，职工有了"干头"，有了"干劲"，收入明显增加了，林场的集体经济有了收入来源，防沙治沙资金短缺的缺口得到了弥补，社会影响力也逐步得到提升，真正实现了"名利"双收。

添保治沙造林有限公司成立后，王有德亲自到有关项目工程建设单位联系绿化工程，对于承担的每一项工程，王有德都把它放在时代的大背景和争取全区绿化市场的形势下考虑。在每项工程中，王有德把挣钱放在第二位。一是因为他所承揽的工程都是大型工程，代表着宁夏的形象，代表着宁夏绿化的形象。二是因为他总是说我们

就是干绿化的，该奉献时要奉献。王有德表现了一个共产党员为大局着想，谋长远利益的精神境界。

姚叶高速公路是宁夏的第一条高等级公路。白芨滩防沙林场以最低中标价拿到了这条路的绿化工程，王有德仔细研究了整个方案,绾上了一个解不开的心结。按照对方提供的绿化方案，姚叶高速公路中分带原绿化方案设计种植柠条、红柳和花棒等沙生植物。王有德认为方案设计树种起点太低、形象差，这是宁夏的第一条高速公路，公路两旁种这样低档次的植物，用他的话来形容那就像是"新媳妇苦了个破盖头"，无疑将对正处于改革开放潮头的宁夏形象会产生重大影响，同时也会对宁夏今后高速公路的绿化造成影响。

思前想后，王有德去找了业主，跟业主协商改换品种，建议种植侧柏、樟子松等高档树种。业主说："方案可以更改，但资金不能增加。"王有德一拍桌说："行。"当即承诺：林场承包的10多公里标段，全部改种侧柏、樟子松、桧柏、红黄刺玫、丁香等，不增加一分钱费用。建议被采纳，回到工地，王有德立刻对方案进行了调整，取消了一株不到0.5元的柠条、花棒等档次品种，更换为每株十几元的侧柏等高档次品种。工程结束一结算，林场却未从该项工程赚到钱，还倒贴了100多万元。

工人们有些想不通，王有德说："苗木生产是保障绿化工程的基础，保证工程质量是经济效益的前提，我们就是干这行的，绿化是我们的职责，生态效益有了，就是我们最大的收获，对于白芨滩防沙林场来说，这将是一条要永远走下去的路，只有把形象树起来，工程我们干都干不完。"如今，王有德的谏言已在自治区高等级公路上变成现实。当南来北往的司机穿行在西部这段三季有花、四季常青的高速公路上时，都不敢相信是在宁夏。

2001年5月，白芨滩防沙林场下属的添保治沙造林有限公司以最低报价中标古王高速公路第一合同段绿化工程。正当职工们摩拳擦掌准备为林场大赚一笔时，王有德却节外生枝。他对设计方案认真研究后，认为在路基两侧采用混凝土和卵石护坡造价高，景观效果差，同时，种植一年生白茎盐生草不符合宁夏实际，建议在边坡种植紫穗槐、红柳等抗旱、抗病虫害能力强的多年生灌木护坡。宁夏交通部门十分重视他的意见，立即组织专家研究论证。在随后举行的几次研讨会上，"土专家"王有德与来自各方的资深专家"华山论剑"，翔实的数据、理性的思辩、大量的实例，终使与会各方心服口服。经过一个多月的反复论证和实地查看，古王路边坡绿化方案全线采纳了他的建议。方案的改变，不仅大大提高了防风治沙的水平，且每平方米造价仅为

△ 黑山共和国议会议长沃尔克在白芨滩视察

原设计的十分之一左右，为国家节省了大笔开支。然而，树种的改变，也使他们的效益大打折扣。期间，有位老职工找到王有德：你这闲事一管，林场的几十万元利润全没了。王有德语重心长地说，我们不能只看眼前，治沙事业才是功在千秋的大事。其他中标单位也指责王有德沽名钓誉，断大家的财路，职工听后憋气，王有德淡淡一笑说："嘴在人家身上长着，凭他们说去，我们该怎么干还怎么干。"

桃李不言，下自成蹊。对工程负责，为业主着想，正是王有德这种将国家利益置于第一位的主人翁精神和舍小"家"顾大"家"的大局意识，以及多年来在林业生产一线积累了大量的实践经验和对林业技术的精通，为白芨滩林场和王有德赢得了良好的信誉与名声，大工程大项目的绿化都找上门来了。白芨滩防沙林场的绿化成了品牌，王有德说："我要的就是品牌效应。"

"王有德眼界高，境界更高，工程交给他我们放心。"

这是所有业主对王有德共有的评价。

现在宁夏交通厅每一次研究公路绿化，首先想到的就是白芨滩防沙林场，想到的是王有德，都邀请王有德参加。春色满园关不住，一枝红杏出墙来。宁夏一些大型绿化工程在制定绿化方案时，请王有德做专家出谋划策。白芨滩防沙林场添保治沙造林有限公司也以优良业绩跻身于全区绿化行业前列。

白芨滩防沙林场凭借着日益兴隆的声名和"王劳模"、"治沙英雄"的品牌效应，1998 年以来，先后承揽了公路、铁路、园区、街道等百余家单位的绿化工程项目，特别是宁夏境内高速公路五分之二的绿化工程全由他们承揽，实现收入 1.1 亿元，

平均每年用于治沙造林资金 600 多万元,填补了治沙造林资金的不足,确保了治沙事业的持续发展。

承担绿化工程王有德总结出六赢:一是增加林场劳动力就业渠道;二是解决了苗木销售问题;三是逐步壮大集体经济实力;四是弥补治沙资金不足的问题;五是为白芨滩防沙林场培育出全区一流的能打硬仗的绿化队伍;六是实现了生态、社会、经济效益多赢的格局

通过十多年的不懈努力,多种经营的"雪球"越滚越大,白芨滩防沙林场成功地走出了一条"内改经营机制,外拓生存空间,靠创新求发展"的兴林之路,实现了林木资源增加、集体实力增强、职工收入增多的喜人局面。治沙规模年年扩大,由原来的一个场逐步扩大到 1 个总场、6 个分场、4 个公司,治沙造林工作由被动变主动。固定资产由 1985 年的不足 40 万元增加到现在的 6 亿多元,林木资产比 1985 年增加了 6 倍,达到了 5800 多万元,职工人均年收入 2011 年突破 4 万元。同时在量化考核方面将职工福利待遇与治沙效果挂钩,有的职工年收入能达到二三十万元,治沙积极性大大提高。职工高兴地说:"单一经营,越干越穷;多种经营,威力无穷。"

咬定治沙

职工致富，林场增收，王有德干得轰轰烈烈，同样轰轰烈烈的是气壮山河的治沙。王有德虽然没有三头六臂，但却威风八面，在抓富民举措和多种经营的同时，他对防风治沙更是从未放松过，而他所有创收的项目也都是建立在防风治沙的基础之上。富民举措是在夯实治沙基础，多种经营是在增强治沙实力，王有德的目标依然是咬定治沙。

　　王有德说："有两种工作不能推脱：一种是必须做的；一种是自己喜欢做的。防沙治沙，既是我喜欢做的，又是我必须做的。"这是终极目标。因为，这个林场就是为了防风固沙而建的。

　　王有德带领白芨滩人把多种经营干得风生水起。有的职工说，治沙这么赔钱，不如少治些沙，挣来的钱干些别的岂不是更好？王有德坚定地说："我挣钱是为了治沙，我这辈子就是为治沙而生的。"

　　"防风治沙，那就是一颗钉，锈都锈到心里了。"王有德又说。

治沙与致富的可持续结合

★★★★☆

许多治沙人都摆不脱"生态富有,经济贫困"的困境,白芨滩防沙林场呈现出的却是治沙越治越富。白芨滩防沙林场到底有什么诀窍?王有德一语道破:"一是治沙,二是治穷,关键在于调动职工的积极性,治沙与治穷相结合,人家靠海吃海,靠山吃山,我们靠沙吃沙,而且要吃得生机盎然,幸福美满!"孙武在兵法中说:"上下同欲者胜。"职工治沙治穷了,那就让职工在治沙中富起来。

随着生态文明越来越受到人们的关注,关于治沙的报道越来越多,但我们发现多数情况是有志于治沙事业的人对治沙可以说是坚持不懈忠贞不渝,然而,就是走不出"生态富有,经济贫穷"的困境,沙漠绿了,治沙者却负债累累,生活举步维艰。于是有人就感叹:治沙即致贫。然而,白芨滩防沙林场呈现出来的却是治沙越治越富。

白芨滩防沙林场有什么诀窍?

王有德一语道破:"一是治沙,二是治穷,关键在于调动职工的积极性,治沙与治穷相结合,人家靠海吃海,靠山吃山,我们靠沙吃沙,而且要吃得生机盎然,幸福美满!"

孙武在兵法中说:"上下同欲者胜。"职工治沙治穷了,那就让职工在治沙中富起来。

搞生态建设投资大、周期长、见效慢。因此,在发展多种经营的同时,王有德将治沙成效与个人收益挂钩,鼓励职工走"综合发展"之路,通过采取果树转让承包经营制、苗木培育股份制、小额贷款发展养殖业等措施,实行种植养殖业与经果业的联动互补、循环利用,让职工成为生态建设的受益者,实现生态与经济效益双丰收。

为了最大限度地调动起全场职工植树造林、防沙治沙的积极性,林场实行全员目标管理,把全年工作分解为具体任务,层层落实,人人签订目标管理责任书,形成人人身上有指标,九牛爬坡各个出力的工作机制。同时,推行场长任期目标责任制,打破管理岗位终身制,坚持能者上、平者让、庸者下、合理流动的用人机制。

计划体制下的国有林场体制的一潭死水被管理制度的创新而激活,为走入死胡同的国有林场开辟了一条激情喷发的出路。

自1994年起,王有德在全场推行植树造林与经济指标挂钩,实行包栽、包活、包管理、包费用,超奖减罚,凡成活率低于核定指标的,由承包人无偿补植,成活率低于40%的当年不予投资;随着大规模植树造林的实施,引入招投标机制,对

△ 丰收的喜悦

治沙造林分段划片，按照项目工程造林进行内部招标承包，把竞争机制引入内部管理，在全场职工中展开竞争，谁的技术力量强，谁能为场里争取最大利益，谁就中标，让内部职工充当"小工头"、"大老板"，工程期限一至三年。投标人可以是队组、家庭或个人，根据造林工程内容及进度要求进行报价，中标后签订承包合同，根据施工进度及质量分期付款，到期后经验收工程质量合格、成活率达到规定指标付清全部工程款。否则扣留部分工程款，延期交工。对护林员实行划片承包责任制，签订承包合同，每轮承包期三年。在承包期间，护林员要做好辖区内林木管护工作，确保林区达到"八无"（无侵占林地、无毁林案件、无牲畜啃食、无林木丢失、无森林火灾、无乱砍乱伐、无挖甘草、无设施损坏等案件发生）者，年终发给全额工资，下一轮继续承包，并进行奖励，达不到要求者酌情扣发工资并终止合同。2000年以来，又确定了"六个一"的奋斗目标，即一人一年扎一万个草方格,挖一万个树坑,植一万株树,治沙造林一百亩，从治沙造林中实现收入一万元，并按 20% 目标逐年递增。确定目标责任，落实到人，一定三年不变，限期绿化达标。

△ 小憩

与此同时，王有德大力推动苗木培育、经果林种植、设施栽培、养殖业为主的经济与生态复合的支柱产业。

1990 年在北沙窝开发 460 亩果园承包给职工个人经营，1991 年至 1993 年在大泉分场沙漠中推沙造田开发果园 2000 亩。栽植防护林 5.8 万株，定植果树 7.8 万株。不但形成了沙漠前沿高效能的防护体系，而且使职工有了长期可以依赖的"工资园"，仅此就解决职工就业 160 多人，社会就业 200 多人。1998 年对大泉分场果园实行转让经营，转让期为 23 年。沙漠的地理气候条件让白芨滩水果成为极品果，漂洋过海赚取外币，成为职工致富的主要门路。有十余户职工仅果园一项收入连续六年超过 10 万元。

为了扶持职工发展养殖业，2000 年王有德又提出户均 1 头牛、10 只羊、1 座棚的奋斗目标，特别是扶持养殖大户以起到示范带动作用，采取养殖场统一规划、免费提供红砖、内部借贷不收取资金占用费和利息，解决职工养殖前期资金不足的困难。2005 年出台补贴政策，即职工每养一头牛，补贴 200 元，养一只羊，补贴 20 元，养家禽一只补贴 2 元。职工在养殖业上得到了实惠，尝到了甜头，积极性高涨，养殖大户和专业户如雨后春笋，先后涌现出了李桂琴、吴广全、马耀歧、杨春娟、张海等养殖大户，他们通过养殖，既赚了钱，又积肥养地，解决了果树肥源不足或花钱购肥的问题，还带动了种植业的发展，逐步走上了"循环"发展的经济模式。为了扩大养殖规模，2007 年林场投资在马鞍山建设占地面积九千三百平方米的养殖场一座，设施设备配套齐全，承包给职工进行经营，呈现出良好的经济效益和示范带动作用。

治的沙多，种的树多，养的牛多，挣的钱多，"四多"搭建起了治沙与致富的广阔平台，目标管理责任制的实施，激发了林场职工的生产积极性，增强了责任心，治沙造林热情空前高涨，形成了由过去的"要我造林"变现在的"我要造林"的浓厚氛围，锻造出了一支懂治沙、有经验、会管理、能打硬仗、善打硬仗的治沙队伍，极大地推动了白芨滩防沙林场治沙造林的大发展。"治沙有治头"、"治沙即致富"的观念就像一棵大树，在白芨滩防沙林场深深扎下根去。同时也为职工发家致富创造了有利条件。由于发挥了市场这个无形之手的作用，沙漠成了白芨滩职工的口粮田、聚宝盆。

"在白芨滩林场，一个人就是一片森林。"这是王有德跟职工经常说的，而他自己更是这样做的。

1999 年，27 岁的马学海来到白芨滩防沙林场，成为一名治沙工人，正赶上场里号召职工参与果园转让经营。他想，这是场里给职工置下的一份脱贫致富的产业，再说，果树管好了，一方面有经济收入，另一方面还能起到防风固沙作用，在别人还等待观望的时候，他在爱人的支持下，拿出家里仅有的 5000 元钱，交了第一年的果树转让金，承包了 15 亩果园。从果树的施肥、修剪、疏花疏果等多方面虚心请教，艰辛的劳动，换来了丰硕的成果，在他的精心管理下，从承包果园到现在，他已从果品收入中，获得纯收入近 30 万元。

2002 年，日本国援助治沙项目在大泉沙漠中实施，为了完成好该项目，场里引入招标承包机制，把项目区划分成多个标段，让全场职工共同竞标承包，良好的机制，激发了广大职工的治沙积极性。马学海一人投标承包了三个标段 1100 亩的治沙工程，是全场职工中承包治沙工程最多的。7 月是宁夏最热的季节，沙漠中的地表温度高达 60℃，每天马学海和家人，带上干粮和水壶，

△ 全国治沙英雄王有德常年坚持和职工一起参加劳动

天不亮就出门，一头扑在沙漠中，扎设草方格，别人一天扎340个，他就扎400个，别人扎400个，他就扎450个，凡是自己能干完的决不雇别人。凭着一把苦力气，当年造林成活率达到75%以上，收入达5万多元。望着手里通过治沙挣回的一摞摞钞票，更加坚定了马学海治沙的信念。从2004年到2006年，他先后治沙1000亩，参与铁路、公路固沙工程，治理沙漠680亩，承包治理荒山2000亩，收入达21万元。

艰苦的工作，更能磨炼人的意志品质，凸现人生的价值和意义。在个人收入不断增加的时候，马学海也看到其他一些职工，因为经营思路不对等原因而导致贫困。他主动向分场领导提出，带领一些致富无门的职工一起承包绿化工程，让大家共同富裕起来。2004年，他投标承包中郝高速公路绿化工程后，联合了6名职工跟他一起施工，一年下来，这6名职工中，收入最多的达到4万多元，最少的也达到2万多元。看到职工们跟着他挣到了钱，他的心里比自己挣钱还高兴。他又养起了17头奶牛，给其他职工进一步增加收入带了一个好头。这年7月，党组织根据他个人的要求和表现，吸收他成为一名光荣的共产党员。这让他干劲倍增，2010年林场实施万亩樟子松建设基地项目，他一下又承包了530亩治沙任务，拔了全场承包治沙面积最多的头筹。

从参加工作以来，马学海承包治沙造林和荒山造林4910亩，养牛17头，经营管理果园15亩，家庭累计实现纯收入50多万元，成为全场承包治理沙漠面积最大、收入最多的职工之一，多次受到林场和上级林业部门的表彰和奖励。

白芨滩防沙林场第二位全国绿色奖章获得者、灵武市"劳

057

咬定治沙

动模范"李桂琴，先后承包治沙造林工程5000多亩，仅治沙一项就收入30万多元。

她一方面埋头治沙，另一方面利用优势，开展多种经营，于1998年年底承包25亩果园，同时发展养殖业，养殖奶牛18头，种植蓄草20亩，以种植业带动养殖业，通过养殖解决果园有机肥料，形成循环发展经济链条，现在她经营的果园，果树长势喜人，不但为生产优质果品奠定了坚实的基础，而且大大降低了果品生产成本，提高了果园的经济效益。家庭总收入连续4年超过10万元以上。2011年的收入近20万元。其中种植25亩的苹果、李子为她带来了超过14万元的收益。如今有20多年场龄的李桂琴已拥有自己的林地、养殖场、果园和洋房，年均实现利润20余万元。成为继王有德之后被全国绿化委员会评为"全国绿色长城奖章"的第二个白芨滩人。

在李桂琴发展模式的带动和影响下，现在大泉分场有7户职工养起了99头奶牛和肉牛，年收入达到18万元。成为职工增收的又一个新的经济增长点。

苗木培育、经果林种植、设施栽培、养殖业为主的支柱产业与治沙形成了良性循环经济模式，职工基本实现了户均10亩园、10亩圃、1头牛、10只羊、1座棚的奋斗目标，人均收入连续5年保持了12%以上的增长速度，2012年职工人均收入突破4万元。其中有10多名职工年收入突破20万元以上，有三分之一以上的职工年收入达到了10万元。事实证明，治沙与治穷实现了场子活、沙漠绿、职工富的目标。

在白芨滩林场，在毛乌素沙漠深处，遇见扎草方格或植树的，千万别小看了，因为他有可能是百万富翁。

➡ 人定胜天的科学精神

★★★★★

王有德被人誉为"当代愚公"，为何是"当代愚公"？有一篇评论这样阐述："之所以是'当代愚公'，是因为他不仅具有愚公的韧劲，更具备了共产党人的科学精神。愚公只知道'每天挖山不止'，子子孙孙一直挖下去。王有德则不然，他善于总结经验，积极探索客观规律，走出了一条科学治沙的道路。"

王有德被人誉为"当代愚公"，为何是"当代愚公"？有一篇评论这样阐述："之所以是'当代愚公'，是因为他不仅具有愚公的韧劲，更具备了共产党人的科学精神。愚公只知道'每天挖山不止'，子子孙孙一直挖下去。王有德则不然，他善于总结经验，积极探索客观规律，走出了一条科学治沙的道路。"

如果用一个词来形容王有德治沙无畏的信念，那就是："人定胜天。"

如果用一个词来形容王有德治沙成功的秘诀，那就是："科学精神。"

王有德说："人定胜天是一种精神，需要科技做后盾。"

科学对于人类事务的影响有两种方式，一种是物质的，一种是精神的。比较而言，人们更容易看到的是它物质的一面，看到科学所具有的改善人类物质条件的力量。这种力量就是科学通过以它为基础的技术，不断提高社会生产力，不断改变人类的生产和生活方式。这也就是"科学技术是第一生产力"中科学所起的作用，是一种物质的力量。

从走进白芨滩防沙林场的那一天，已经过去了整整 28 个春秋，28 个春秋坚持不懈的治沙历程，记录着王有德对治沙技术不断探索、不断创新的过程，他在探索一条治沙的科学之路。

兵法云：知己知彼，百战不殆。与沙漠搏斗，那就是没有硝烟的战争。

"只要摸清沙漠的脾气，走科学治沙之路，坚持巧干加苦干，沙漠是完全可以征服的。治理沙漠，不但需要人定胜天的信念，吃苦耐劳的实干精神，更需要科学求实的态度。在大自然的淫威面前，人是渺小的，但科学是强大的。"

与沙漠抗衡 28 年的实践经验，王有德深有心得。

沙冬青是白垩纪——第三纪残遗植物，属四季长绿阔叶灌木，生长在极端干旱的荒漠中。沙冬青防风固沙性能好，生态效益巨大，是绿化荒漠山川的优良树种。世界上仅俄罗斯和我国新疆、内蒙古、宁夏有少量分布，是国家二级保护濒危物种。上世纪 70 年代，国家有关科研单位与白芨滩防沙林场用常规育苗方法，试验裸根移栽沙冬青，结果以失败告终。为了保

△ 沙冬青植物群落

护这一濒危物种，2001年，王有德抽调科研人员组成科研攻关小组，在白芨滩管理站和甜水河管理站进行沙冬青育苗栽培试验。一次，两次，三次……科研人员在不断的摸索中观察发现，沙冬青幼苗根系存在白、嫩、细、脆的特点，稍一触碰即断；大苗根系繁大，再生能力极低，移栽很难成活。科研人员试验用黏性果园土壤做营养土，将营养土装入营养袋内，用沙冬青籽种在营养袋中育苗，然后将幼苗连同营养袋一同移栽在适合沙冬青生长的土壤里，从而避免了幼苗移出苗圃栽植时对根系的损伤。当年，在磁窑堡镇古窑子和临河镇甜水河的荒滩上栽植的 3 亩多沙冬青幼苗绝大部分成活，沙冬青人工栽植实验获得成功。2003年秋，他们采取同样方法，又在河东机场马鞍山一带荒滩上栽植了 24 万株沙冬青幼苗，目前大部分已经成活。白芨滩防沙林场在国内首次培植沙冬青成功，实现了人工保护这一濒危植物的创举。

正是凭借着这种执着的探索精神，王有德

通过多年的潜心试验，选育出了适宜各种类型沙区生长的、特别耐旱的包括沙冬青、柠条、花棒、沙柳、沙拐枣等物种，掌握了沙地上的育苗、造林等技术。他大胆引进樟子松、侧柏以及南方树种白蜡、水曲柳等名贵树种38个。他时常搬书本研究每一种树木的习性，尤其刚刚引进的外来树种，通过多年的书本学习和实践钻研，发明了冬季包裹草绳，穿衣保暖，夏季用喷雾器给叶面喷水保湿等办法，解决了侧柏、樟子松等树木难以存活的难题。针对金龟子吃芽尖的问题，他发明了给樟子松穿裙子的办法——樟子松树苗栽到地里后，他们用一块塑料布，做成喇叭状，喇叭口朝上，固定在每一棵树干上。这样，金龟子就没法爬上去吃芽尖了。王有德对沙漠造林技术难题的研究成果令许多专家折服。在沙区边缘累计开发建设经济林和苗圃基地1万多亩，将沙漠化地区的改造和利用推向多维林业、能量循环、资源再生的新阶段，为沙漠化地区的产业开发创造了成功范例。二十余年不遗余力的执着推进，建成了我国唯一的面积达4万亩的沙生植物采种基地，达到了沙漠综合治理的国际先进水平。

　　沙漠化土地开发、利用和研究于一体的防沙固沙科学实验，是王有德带领科研人员探索攻关的重点，在总结白芨滩多年来的治沙经验的基础上，通过精心研究和实践，探索创造出了干旱治沙造林、引水治沙营造骨干防护林、引水造田发展经果林核心产业、田间种植农作物、经济作物，发展畜牧业增加肥源改良土壤，实现了"五位一体"循环立体开发防沙治沙模式，获得了宁夏自治区科技进步二等奖。改变了"一季造林，成活靠天"的传统造林模式，实现了"三季造林、工程与生物措施相结合"

△ 日本海外林业咨询协会官员秋山英智等在白芨滩考察日援项目建设情况

的治沙模式，形成了"一年三季抓造林，常年累月抓管护"的良好局面。国务院在"关于加快宁夏经济社会发展若干意见"中重点推广了"五位一体"治沙模式。他还带领职工采取草方格沙障治沙、旱情严重穴灌补水造林、雨季穴播造林、雨季人工模拟飞播造林、营养袋育苗和造林、高分子吸水剂黏根等造林技术，实行乔灌草相结合，确保造林一次性成功，为全国防沙治沙提供了宝贵经验。

1993 年，他积极争取国家、自治区林业部门的支持，大力引进项目资金，实施"项目带动"战略，依托专业林场具备的技术优势，加大了治沙步伐。在他的争取下，"中日关于沙漠化农用林试验模式和研究项目"落户白芨滩防沙林场。三年时间，王有德领着职工奋战沙漠，按照宽林带、多网络、多树种、高密度、乔灌混交等模式，完成了由干旱固沙林、骨干防护林、经济林带组成的"三位一体"防护林体系建设，创建了"沙漠化地区林、农、牧、种、养、加各类废弃物——

能源——土壤循环立体开发试验模式"，集沙漠化土地开发、利用和研究于一体，完成造林任务 905 亩。中日专家验收后认为，这一项目创建了沙漠化地区循环开发的模式和成功范例，达到了沙漠综合治理的国际领先水平，解决了世界性难题，获得了宁夏科技进步奖，先后有 60 多个国家来宁学习治沙经验。由此推动了林场加快治沙的步伐，林场也走出了一条国际合作之路。近年来，先后实施了"中日治沙研究"项目，"小渊基金—中日友谊林"项目，"中日（宁夏—岛根）友好林"、"日本国无偿援助宁夏黄河中游流域防护林"项目等，为我国林业的对外合作与交流提供了可资借鉴的经验。

随着一批国内和外援林业科研项目先后落户白芨滩，每一个项目实施时都有一定的资金投入，但后期管理没有资金投入，很多人认为"有多少钱干多少事"，王有德却说："我们现在代表的不仅仅是白芨滩林场，也不是一个灵武市，而是整个中国，这些项目不光是我们林场的面子问题，也关系到国家的形象，而且是在为我们积累经验，我们必须把它干好。"

为了走科学治沙之路，王有德长年坚持"充电"，学习了大量的林业专业知识，丰富的科学知识和实践经验，让王有德成为全国科学治沙的探路人。

宁夏已成为全球防治荒漠化、进行生态建设的一面旗帜，联合国环境规划署要求宁夏总结防沙治沙与开发沙产业的成功经验，并通过完善该署 2010 年绿色经济报告中"沙漠化防治成本效益"这一章节，把宁夏的治沙经验向全世界推广，宁夏树起了世界治沙的旗帜。

"不要以为扛着一把锹就可以治沙了，新时代的治沙人必须具备科学技术。"

这是王有德大会小会都要讲的话题。对林场职工的学习，他也抓得很紧。从1990年开始，每年都办冬闲学习班，请林科院的专家和场里的技术骨干为职工讲课，传授节水灌溉、林木繁殖等专业知识，专业技术培训成为职工年终考核的一项重要指标。经过多年学习培训，全场职工专业水平和实践水平普遍得到提高，人人都成为能够独挡一面的技术能手，林场防风治沙造林取得了长足进步，科研成果染绿了寸草不生的毛乌素。

 赔本彰显大境界

☆☆☆☆☆

有人提醒王有德，市政府财政紧张，200万元的工程费不知要拖到猴年马月，林场资金不宽裕，还是想办法推掉算了。王有德马上批评说："我们就是种树的，哪儿需要就往哪儿种，作为林业建设者，多栽树不是啥吃亏的事。"

因为经常跟职工开玩笑、抬杠，没有官架子，和职工打成一片，因此，工人都和王有德很亲密，自然他也就有绰号了。在白芨滩防沙林场，王有德除了"王大鼻子"这个绰号外，他还有个"老猴子"的绰号，"老猴子"是精明的意思。

用林场职工的话说："他比猴子还精，没什么能瞒过他那双火眼金睛，看事一眼就看到本质了，看人一眼就看到骨头里了。"

然而，就是这么精明的一个人，却经常会做一些赔本的买卖。

1999年入冬时节，灵武市将灵州大道及环城的9公里绿化任务交给了白芨滩防沙林场。当时，有人提醒王有德，市政府财政紧张，200万元的工程费不知要拖到猴年马月，林场资金不宽裕，还是想办法推掉算了。王有德马上批评说："我们就是种树的，哪儿需要就往哪儿种，作为林业建设者，多栽树不是啥吃亏的事。"善于啃硬骨头的白芨滩人在王有德的带领下，给灵武人民交上了一份满意的答卷，他们在灵州大道两侧种植的侧柏、樟子松成活率达95%以上。但工程款至今还拖欠着。

在利益与事业的天平上，王有德的重心始终倾向植树造林治沙绿化大业。

银川河东机场就在灵武市境内，这个区域植被稀少，自然环境恶劣，机场东部的荒山荒漠化严重，机场建成好几年了，但周围荒漠化的环境依旧，大风一起，沙尘漫天，作为宁夏对外窗口之一的银川河东机场深受其害，存在飞行安全隐患，也极大地影响了宁夏的对外形象。2003年，灵武市把河东机场大环境绿化工程交给白芨滩防沙林场来完成。要把这里绿化好，困难很多。荒坡上环境恶劣，既不通水又不通电，王有德带领职工在荒原上安营扎寨，修扬水泵站，埋引水管道，架输电线路，

△ 法国香港学校的学生到白芨滩开展活动

挖蓄水池坑，苦干700多天，先后整地4000亩，栽植樟子松、侧柏、枣树、花灌木等250万株，荒山造林2.6万亩，栽植柠条、紫穗槐、沙冬青等沙生灌木180余万株，仅用两年时间就形成了针阔混交、乔灌草结合、林草搭配的绿化格局，有效地遏制了土地沙化，改善了机场周边生态环境。特别值得一提的是，这么大的绿化工程，是在国家尚没有投入的情况下进行的。整个建设资金，除了利用日元贷款外，有3000多万元是场里自筹的。其中大部分是本场多年积累的资金。但是，他擦亮的是宁夏对外开放的一扇窗口，放眼望去，林木成行，一片葱绿，蔚为壮观。每一位坐飞机到宁夏的客人感受不到这里是被沙漠围困的毛乌素沙漠边缘地带。

2002年，宁夏锁定了延长煤炭产业链条、实现资源优势向经济优势转化的方向，主战场圈定在具有整装煤田集中、黄河取水便捷、不占用耕地、交通顺畅等组合优势的宁东。十年间，宁夏人用最短的时间、最快的速度建成国内最大、世界第二的煤化工基地，已成为国家能源产业棋盘中的重量级"棋子"，国家"十二五"规划纲要又将宁东列为国家煤炭开发与转化的重点地区之一，全国五大能源建设区之一，宁夏、内蒙古、陕西、甘肃"能源金三角"的重要一极。

2011年3月，雁脂山面积4000亩绿化工程交给了白芨滩防沙林场。这是连接灵武市与宁夏"一号工程"宁东能源化工基地的绿色生命线，然而，却是一块"难啃的骨头"，先后有四家单位承揽过这里的绿化任务，都以失败告终。知道职工有看法，这又将是一个蚀本的工程，但王有德丝毫不推辞。他对职工说："宁可掉下10斤肉，不让工程落了后。宁东现在是宁夏窗口，全国关注的焦点，这个工程代表着我们白芨滩的形象，栽一片，绿一片；绿一片，美一片。"劳动间歇，他和职工唠家常，职工说日子富裕了，该奉献的时候要奉献，全区的一号工程，大家都在做贡献，我们也不能落后，跟着劳模，我们的境界也提升了。王有德拍着职工的肩膀，工人能有这样的觉悟境界，他着实感动。事实上这一次他们花的本钱大，下的决心比本钱更大。

像这样的工程，王有德带着白芨滩人已经干过不少了，而且他们还将干下去……

承揽绿化工程，既被王有德看成是多种经营的渠道，更被他看成扩大绿化成果的战场！

市场经济有赔本赚吆喝的说法，王有德做了这么多赔本的工程，连吆喝都不赚。工人们不解，说："别人要是做了这么多奉献的工程，不知怎么说一番。"王有德说："植树造林是我们的职责，更是我们的义务，有什么可吆喝的。"

"不积跬步，无以至千里，不积小流，无以成江海。"王有德的绿化工程干出了大气概，大境界，宁夏大工程的绿化项目首先想到的是白芨滩防沙林场的绿化公司，他们都愿意把工程包给他，治沙英雄搞绿化令人放心，绿化公司工程应接不暇。

 # 爱树如人

★★★★★

头一天挖好的渠沟，一夜之间被风沙填平了；前一天刚种好的树，第二天被风拔得东倒西歪；渠填了再重新挖开，树冲倒了重新栽好……年复一年，月复一月，日复一日，这是一场旷日持久的拉锯战，使王有德对树产生了一种难以割舍的情怀，树的根须已经扎入他的脑海、他的心中。

在沙漠里，所有的生命都被王有德崇敬与尊重。

跟着王有德进沙漠，他会不断地重复一句话："小心脚下，别踩着苗，它们长起来不容易啊。"

茫茫沙漠中活一棵树不是一件容易的事，王有德很形象地说："养个娃娃容易，在沙漠里种棵树难。"头一天挖好的渠沟，一夜之间被风沙填平了；前一天刚种好的树，

△ 灵武市原市委书记纪峥在白芨滩了解防沙治沙工作并参加植树活动

第二天被风刮得东倒西歪；刚刚开垦出来的田地，一场风就被埋葬得痕迹了无……白芨滩防沙林场经历了多少场风，没有人能说得清楚，王有德和职工不止一次流过泪，怨过天，然而，沟被埋了，再挖出来；树苗被毁了，重新把苗补上；田被掩埋了，重新开出来，风沙不断埋，他们就不停地补栽，不停地平整……

拉锯，抗衡，争夺，年复一年，月复一月，日复一日，旷日持久的劳作，培养了王有德对树的特殊感情，他对树产生了一种难以割舍的情怀，树的根须已经扎入他的脑海、心中。

走在沙漠中，王有德会随时蹲下去，双手抛开沙土，看苗根扎好了没有。长年累月，他的

指甲缝里钻满了抠不出、洗不净的陈年旧土，鞋袜里、衣裳上是抖不尽的沙子。他回家带回来的只有一样东西，那就是沙子。地上的沙子，床上的沙子，洗衣机里的沙子。老婆说："人家都给老婆带金银首饰、衣服、化妆品，你倒好给我带回来的全是沙子，你把沙漠绿化了，却把家里给沙化了。"王有德嘿嘿一笑，很幽默地说："沙漠欺负了我们那么些年，侵占我们的家园，吞没我们的土地，逼得我们没吃没喝，现在我正欺负沙漠哩，帮你出口气，不比几件首饰有意义，你还不高兴。"

王有德深有感触地说："人可以把自己的需求表达出来，而树不会说话。树渴了喊不出来，病了哭不出来，这需要人去观察、体会，你关心了，树才会长得好。"

2009年3月的一天深夜，已经熟睡的吴敬忠被一阵急促的电话铃声惊醒。王有德说来了几车苗子，抓紧组织人栽。吴敬忠翻起身出门组织人去了。树苗不隔夜，在白芨滩防沙林场，是一条已成文的规矩。晚上栽树是经常性的，当天来的树苗不管多晚，为了保证树苗的成活率，树苗一到必须立刻入土。如果树苗放到第二天再栽，成活率要降低，造成重大损失，这是王有德总结出来的经验。

等吴敬忠和工人赶到的时候，王有德已经在那里栽上了。五车树苗，王有德和工人一直栽到天亮，直到灌完水，他又赶到别的工地检查质量、处理问题去了。

只要是白芨滩防沙林场栽的树，王有德都记得清清楚楚，姚叶等公路绿化工程交工后，他经常挤时间去查看苗木生长情况，每到防虫季节就打电话提醒对方。那年5月初，王有德经过姚叶公路，看到树有些发蔫，下车查看，发现虫害已经很厉害了，立即抽调林场 20 多名职工携带器械药品赶赴现场喷药杀虫，避免了一次大的灾害。这次免费治病仅药费林场就贴进2000 多元。参加自治区第九次党代会期间，林区苗木发生病虫害，他的第一反应是不能危及古王路绿化带。他赶回林场后的第一件事，就是组织职工用农药在古王路两侧各喷洒了一道宽300 米，长 6 公里的隔离带，随后又带领职工赶到林区杀虫灭害。这样的事每年都会有几次，只要他干下的工程，那就是他终生的牵挂。

正是由于对树的爱，王有德把自己变成了治沙"专家"，练就了一身绝活，他走进沙漠，就知道今儿会有几级风，他就像一棵树，对气候是那样的敏感。毛乌素沙漠中所有生长着的东西，他没有不认识的，土壤的盐碱度是多少，可以种什么样的树，用舌头一尝就知道；摸一摸植物枝叶，再进行仔细观察后，就能判断出树木得的是什么病，如何防治；在治沙现场转一圈便能发现施工上的不足，立即示范纠正；围着树转转，嗅嗅，他就知道肥上得足与不足。根部蘸浆、钻孔深栽、草方格固沙等等技术，被广泛地运用到植树造林中。

对于老婆、儿子甚至是自己的生日，王有德一个也没记下，然而，带着职工在毛乌素沙漠中种下的每片树木，每个绿化工程，每种树木什么时候防治病虫，什么时候施肥浇水，一片柠条林里有多少棵超过 20 年的针叶树，他记得很清楚！

在王有德的笔记本上，写着这样一段话："有些人不理解我的这种感情，他们奇怪人和沙漠能有什么感情？可是我只要看到一棵树、一棵苗，就觉得治沙的决心还大得不得了。一听到每年造林工程还要推进，我这个老头子就兴奋得不得了……"

大有大德

土地荒漠化是人类共同关注的生存难题，宁夏的荒漠化土地已占全区总面积的 86.8%，危及三分之二人口的生存空间，治理之途依然艰辛漫长。轻霜冻死单根草，狂风难毁万亩林。保护人类共同的家园，让所有的荒漠被绿荫覆盖，需要一代又一代人的无私奉献。治沙不是一朝一夕之功，是千秋万代的事业，必须建立起一支植树造林的大军。

　　王有德说："要后继有林，必然后继有人！"

　　在治沙大业上，王有德有着人定胜天的坚定信念，但，人定胜天，决定成败的因素在人。28 年来，为了培养一支防风固沙植树造林大军，王有德倾注了一腔心血。他就像呵护白芨滩防沙林场的那些树木一样呵护着林场每一个人，爱人如树。除了王有德以身作则、身先士卒、与工人同甘共苦同呼吸共命运，用自己的言行举止影响着白芨滩人，成为白芨滩人的一面精神旗帜外，作为场长，他遵循自己制定的"五好"原则（即带好一个领导班子，带好一支职工队伍，选好一条致富道路，制定一条好的管理制度，有一套好的经营办法），建立起一套"以人为本"的现代企业的管理理念，以关注民生，促进防沙治沙，认真落实、践行"三个代表"重要思想和科学发展观，坚持以人为本，想职工之所想，急职工之所急，切实关心职工生产生活中的实际困难，解决好职工的后顾之忧，让全体职工共享治沙事业发展的成果，从而使职工扎根沙区，安居乐业，治沙事业取得更大的发展。

不可否认，白芨滩防沙林场这支治沙大军在王有德的带领下已经是一支铁军，这支队伍从最初198人中有三分之二要调走到现在，已经发展到476人。

→ 安居乐业

★★★★★

1985年来到白芨滩防沙林场，最初的岁月里，王有德真是度日如年，寒冷的冬日，酷热的盛夏，刮大风了，下雪了，下雨了，王有德就会心里不安。"住房难"、"入学难"、"看病难"，这"三难"困扰着林场职工的生活，人心思走，一盘散沙，解决"三难"就显得更为迫切。

安居，乐业。

1985年走进白芨滩防沙林场，最初的岁月里，王有德真是度日如年，寒冷的冬日，酷热的盛夏，刮大风了，下雪了，下雨了，王有德都会心里不安。

"住房难"、"入学难"、"看病难"，这"三难"困扰着林场职工的生活，人心思走，一盘散沙，解决"三难"就显得更为迫切。

王有德说，关心群众利益不能挂在嘴上、贴到墙上，要扑下身子帮助群众谋利益。不仅要用感情留人，更要用事业留人，用待遇留人。

林场职工多年来一直住在低矮破旧的土坯房，王有德想给职工盖房，林场没有多少钱。有人说楼完全可以迟几年再建，可是每当他走进职工家一回，心里就难受一次，就会遭受一次折磨。1987年王有德实在坐不住了，他四处筹款在县城征地建房，不惜动用自己的私交，把自己的亲戚朋友的房子抵押贷款。

有些人想不通，说："你这么做值得么?"

王有德说："值得，很值得。"

多数人都记得那些个日日夜夜，因为没有钱，所有的建材都是王有德带领工人拉来的。

简易住宅楼建成了，有位干部私下试探王有德能不能给他分一套，王有德断然拒绝：

"老工人在山上苦了一辈子，我们这些当干部的凭什么与他们争?"

这幢楼全部分给了老职工和一线职工。

为一线职工改善生产生活条件，多方筹集资金，六个管理站都铺上了柏油路，吃上了自来水，架设了输电线路，看上了电视；他们还在灵武市区盖起了花园式的职工新村，将一些长期工作在沙区的老职工搬进了城里；对沙区职工住宅实行私建公助补贴政策，职工自己承担40%，场里补贴60%，先后共建起

△ 大泉职工休闲区

了245套房屋和小别墅，318名职工告别了几十年租借房屋和住土坯房的历史，职工吃苦咸水、住土坯房、没有电、就医看病难、儿孙上学难等困难宣告终结。

在大泉管理站、马鞍山管理站，一排排亮丽的二层别墅掩映在绿树鲜花之中，在树林中间处处是由日光温棚、养殖园区构成的田园风景。这是白芨滩防沙林场职工的别墅区，走进屋内，装修时尚典雅，电视电话、上下水管道、太阳能供热等一应俱全。在一座苏州式园林旁就是职工宿舍，他们只需花3万元，就可以住上两层小洋楼。有人对此说三道四，王有德很仗义地说："你来治沙，我给你一套。"

一位网友在游过白芨滩防沙林场大泉分场之后，写下这样一段游记：

在这儿有着城市里所有的，也有着城市里所没有的。美不胜收的人工湖让你能体会到天与地、人与自然的无限美；别出心裁的花园、精心设计的亭子、曲折的沙石小路、巧夺天工的沙岩、沙漠中的游泳池等绝对让你留恋不已；一幢幢美丽的住宅别墅区，给人留下了太多的向往；走进林中，感受鸟语花香，空气中微飘着的果实醇香不禁让人陶醉；跻身在沙漠小丘野炊更是乐不绝口。漫步切实能体会到人与自然的亲近，融入自然去享受大自然的美，这里会给你所想要的，给你意想不到的乐趣！

国家林业局原局长贾治邦到白芨滩防沙林场大泉分场参观后感慨地说："阳光、树林、小洋楼，这么美，白芨滩林业职工的生活好啊！"

近几年，位于沙漠戈壁深处的白芨滩管理局的几个管理站都先后被银川市评为园林绿化先进单位。2009年，温家宝总理参加哥本哈根世界气候大会发言时，他身后向全世界播放的宣传片中的部分镜头就是白芨滩与风沙抗争、治沙播绿、创造美好生活的感人情景。

王有德关心着每一个工人的事业发展。1989年，林场在改革车辆管理中，将旧车拍卖给了本场司机，三年后车归承包人，实行"以车养车，以车养人，保本交利，独立经营"，并规定既要以本场生产经营为主，还可以参加社会运输经营，结束了"车辆经营管理大锅饭"的问题，既节俭了林场集体负担车辆燃修费，又为林场提供资金来源和回收渠道。到1990年后，林场不再购买车辆，规定凡是今后职工个人想经营车辆，场里可以借给其购车资金，职工尝到了车辆承包经营的甜头，朱刚、韩贤、梁峰、郭万福等人先后借款买车，除了完成场里拉砖、空心板、苗木等运输任务外，自行找市场，找活路，运输业搞的红红火火，既减轻了就业压力，又增加了职工收入，有些职工承包车辆后，三年收入达20余万元。职工靠承包车辆赚了钱，

△ 林场职工将麦草背到治沙现场

许多职工说，我们的钱是场长帮我们挣的，不是他给我们出谋划策联系活路，挣钱难着哩。1990年车辆招标承包时，一辆东风带挂卡车的标底是5.9万元，竞标职工最高报价只有4万元。为了不让林场受损失，王有德找到司机韩富说："亏了我们两人摊，挣了全归你。"韩富接受了标底价。在王有德的帮助下，最高时韩富一天一夜的收入达1000元左右。三年后，韩富还清了车辆欠款，加入灵武汽车客运公司，承包灵武至吴忠客运线路，每年收入达8万余元。

王有德说："职工富了，这才真正体现了治沙的价值所在，治沙不受穷，受穷是懒虫。现在作为白芨滩防沙林场工人，如果你还生活得捉襟见肘，那就是你自己的问题，为什么林场的工人没有上访告状的？因为他们生活无忧。"

随着林场经济实力的增强，王有德每年筹措200多万元给全场职工缴纳养老保险、医疗保险、工伤保险和住房公积金——"三险一金"，当看到职工子女上学难时，王有德感到林业事业的发展没有知识不行，没有人才更不行，他推行奖学金政策，职工子女从小学到大学全部享受补贴政策，即小学生每年补助600元，初中生每年补助700元，高中生每年补助800元，专科生每年补助900元，大学生每年补助1000元，仅此一项每年就投入10多万元。场里还购置3辆考斯特客车，用来接送进城读书的林场子弟。40多年以前，林场没有一名大学生，近十多年来考上大中专院校的就有60多人，有30多人回场工作，这些人已经成为新时代的治沙工人，正成长为生态文明建设事业的中坚力量。

在每次选举中，王有德都是全票通过，因为职工跟着他干得到了实惠，享受了幸福。多年的发展实践使王有德认识到，只有尊重劳动、尊重知识、尊重人才，才能创造财富、创造幸福，才能激发干事创业的动力与活力，才能赢得组织的肯定和人民群众的信任。

每年的四个重大节日，场里都拿出近百万元资金，给职工办实事，稳定了职工队伍，增强了职工的凝聚力和向心力；场党委在党员中坚持开展"五五帮扶济困"活动，要求每两名党员培养一名入党积极分子，帮扶一户贫困户，联系一名长期病号和一名孤寡老人，做好一名后进青年的教育转化工作，为他们办一件实事。场里把切实加强党和人民群众的血肉联系，为职工排忧解难作为衡量党员干部思想道德准则的一个重要方面，并纳入年终考核范畴，收到了非常好的效果。

白芨滩防沙林场的职工，没有后顾之忧。

→ 爱人如树

★★★★★

王有德说："一个人，就像一棵树，你得浇水、施肥、修剪、护理，否则会枯死。"为留住人，王有德倾注了一腔心血。在白芨滩许多职工眼里，王场长既像严父又像兄长。白芨滩人说："王场长做事义长，大有大德，名字里带着哩。"

治沙因为枯燥、寂寞、辛苦，是个缺人手的事业，戈壁沙漠，茫茫苍苍，无垠无边，狂风卷着黄沙，长年累月地咆哮肆虐，不是一代人两代人的事业，王有德说，人都留不住，还谈什么治沙。为留住人，王有德倾注了一腔心血。

思想教育引导人，智力投资培育人；

感情注入关心人，率先垂范带动人；

形式多样激励人，联系群众团结人；

扶贫帮困拉动人，政策扶持快富人；

各尽其才善用人，优化组合选拔人；

建立制度管住人，年终考评帮助人；

依法治林守法人，事业辉煌在于人。

这是王有德琢磨出的"九十八字育人方针"。

1989年，现任白芨滩防沙林场副场长的王兴东和王才从宁夏农校毕业，分配到白芨滩林场工作，林场艰苦的生活工作条件让他俩的心都凉透了，自己是干部却与一般工人干同样的体力活，根本没心思待下去。可是苦于一时没有门路调走，两人就当一天和尚撞一天钟地混了起来。在工地，职工们拉土坯，干得热火朝天，王才却在一旁看小说。王有德批评王才说，在工地不能看小说，要和工人一起干活。王才不服气，当即顶了一句，我是中专生，不是来吃苦受累的。王有德并不生气，他能理解年轻人的心高气傲，晚上把王才和王兴东叫到他的办公室里跟他俩谈心，给两人讲"故事"，说自己晚上做了个梦，手中突然落了两只很稀罕的小鸟，他十分珍爱，哪只都不想放走，可两只

△ 2000年以来，林场的大部分职工都住上了这样的小洋房和楼房。

小鸟却都想飞走。两人明白王有德的用意，并被深深感动。王有德说："你看，你俩都是学林业的，要是到别的单位去肯定就把专业给荒废了，你们都是有文化的人，心胸一定得放得宽些，目光也应该看得长远些，林业事业是造福子孙后代的事。现在吃点苦，将来肯定会成就一番事业的。"这之后，只要有机会，不管是在工地上，还是在食堂、办公室，王有德瞅空就跟他们谈心，苦口婆心地给他俩讲道理。看着王有德跟职工们一样干活，听着王场长诚恳的话语，王才和王兴东两人终于架不住了，渐渐地，先是开始帮着工人推推码好土坯的车，干了几天后，竟也推起车运送土坯来，一干起活来，王才和王兴东不只是体味到了劳动的快乐，更体味到白芨滩这个大家庭的温暖，工人师傅对他俩也热情多了，家里有啥好吃的都想着给他俩带点儿，就这样，他们融入到了这个集体当中，很快成为场里的技术骨干。

王有德也用意培养这两个有技术的年轻人。从 1992 年开发大泉分场开始，王有德将大泉开发项目的测量、预算等重要任务交给了王才，将大泉项目的平田整地等重要生产任务交给了王兴东，使他们的专业技术得以充分发挥，也锻炼了他俩的实际工作能力。如今，两人都成为能独挡一面的林场领导。

当他们回忆起在白芨滩的经历时，感触颇深地说：王场长这个人真是又像父亲，又像兄长，他做什么事都是从人这个角度考虑的，他做起思想工作来，那真是说到人心里去了。

王有德总说："领导只有把职工的事当成自己的事来办，工人才会把林场的事看成自己的事来干。"他是这样说的，也是这样做的。

职工包云曾是个精神病患者，病发时，就提刀胁迫妻子、儿女分别拿上铁锹、长矛和剪刀等物，跟着他到处乱闯乱骂，王有德就派人将他送到西安治疗。1987年底，王有德专程到西安看望已接受治疗半年多的包云。包云特别高兴，告诉王有德他特别想家，大夫也同意让他回家慢慢调理。王有德把包云带到街上理发，问他想吃啥，包云说想吃大肉包子。王有德是回民，但他还是进了一家小店，给包云买了包子，又给了包云20多元钱，让其给子女买衣服，并跟他开玩笑："你的牙也得刷一刷，路上还要跟我用一个杯子喝水呢。"包云舒心地笑了。此后，每过一段时间，王有德都会询问他有什么困难，及时为其报销医疗费，没有煤烧就派人给他送一车。包云的病从此再未复发。2004年，包云因病去世，王有德又跑前忙后为他料理了后事。

白芨滩人说起王有德皆感念不尽。职工及其家属生病，他总会带着礼品前去探望。2010年1月25日，职工郭术强14岁的女儿突发病毒性脑膜炎，却因家境窘迫而犯难。王有德闻讯赶到医院，对郭术强说："天大的事单位顶着！"临走时还留下身上仅有的400多元钱。第二天，王有德又带着职工们捐献的5000多元钱来到医院，并先后为其协调解决了1万多元借款，还多次抽空专程到医院探望。昏迷了整整12天的小姑娘终于醒了。女儿痊愈后，郭术强借了1000元钱准备感谢王有德，但他知道王有德从不收礼，就来到当地电视台，想在电视上做广告感谢王有德。王有德知道后严厉地批评了郭术强，他说："在你心目中我是那样的人吗？"说得郭术强脸红了，说："老哥，这辈子就是苦死，也跟定你了。"

王有德说："一个人，就像一棵树，你得浇水、施肥、修剪、护理，否则会枯死。"在白芨滩许多职工眼里，王场长既像严父又像兄长。白芨滩人说:"王场长做事义长,大有大德,名字里带着哩。"

春风化雨,润物无声。对于一些犯了错误的人,王有德采取的是惩前毖后,治病救人的方式。

2000年,大泉分场一位副场长承包2万株樟子松种植任务,上报成活率85%,领取了1000元奖金和其他工程款项。下年补栽时,细心的王有德从其准备报销的补植苗木发票中发现了漏洞。经查,成活率仅70%。王有德马上做出决定:奖金尽数收回,个人出钱补栽谎报成活的苗木。白芨滩分场原作业队长李永志是一个老职工的儿子,2000年,李永志私自把240多棵

△ 灵武市原市委书记白尚成对白芨滩的发展给予了极大的关心和支持

枣树苗、10多瓶农药送人，还给运水车辆司机出假证明，被处以1万元罚款。但是，当王有德看到落魄的李永志家里生活困难时，他掏出身上的两百块钱，又帮助他们谋划发家致富的出路。

➡ 劳模是一种精神

★★★★★

劳模、英雄……荣誉纷至沓来，人们称他王劳模、王英雄……面对荣誉，王有德很淡然。在问及对"劳模"的理解时，王有德说："'全国劳模'是一种荣誉，更是一种精神，它属于全体白芨滩职工，我只是他们的代表，林场每个职工都是劳模，劳模精神其实就是白芨滩精神。"而工人的回答则是："这劳模是他苦来的。"

劳模、英雄……荣誉纷至沓来，人们称他王劳模、王英雄……面对荣誉，王有德很淡然。在问及对"劳模"的理解时，王有德总是笑着说："'全国劳模'是一种荣誉，更是一种精神，它属于全体白芨滩职工，我只是其中的代表，林场每个职工都是劳模，劳模精神其实就是白芨滩精神。"而工人的回答则是："这劳模是他苦来的。"

"喊破嗓子，不如做出样子。"这是王有德的管理艺术。

1992年9月18日，灵武市政府将大泉乡东边8700亩沙荒地划拨给白芨滩防沙林场，要求到年底初步开发1000亩。10月2日，正值国庆节假日休息，王有德和他的同事们在制定出开发方案后，就带领全场工人开上山来。大泉分场开发工程在沙漠深处拉开，王有德每天与职工在看不到半星绿色，听不到鸟鸣的沙漠上奋战。作为工程总指挥，他完全可以动嘴不动手。职工每人每天定额挖掘25米沙渠，连续10多天，他一天不落一米不少。建工房时，一个技工配两个小工，他和另一名职工拉砖运水泥，钉是钉铆是铆地干到工房建成。夜晚，湿漉漉的工房阴湿寒冷，他们和衣睡到半夜被冻醒，就点火熬夜。支在荒滩上的煮饭锅静静地看着这一切，默默地记录着这个时时、事事为职工做榜样的普通党员的言行。期间，他完全可以坐车回家，但王有德从不让自己搞特殊，在这里连续住了三个月，与工人们在荒漠中铺设道路7900米，建房40间，完成主渠道工程1050米，毛渠砌护3670米，开发土地1040亩，定植果树2万株。

11月的一天下午，正是灌冬水的关键时刻，他正在巡渠，突然主干渠决口，沙土瞬间即被冲开了20多米的一个大口子，他一边喊人，一边挟着麦柴跳进齐腰深带着冰碴儿的水中，工人们跟着他纷纷跳入水中，用身体挡住了水流，将缺口堵住。王有德本来就有关节炎，刺骨的渠水使他双腿一会儿就麻木了，他倒在水里，站起来，又倒在水里，又站起来……工人们轮换下水，也劝他上去，他就是一声不吭，硬是在水中坚持了两个多小时。决口终于被堵住了，他又连夜带着两名工人赶往40公里外的场部，装了一车黏土，又吃力地将几十个100多公斤重的水泥管装上车，返回出事地点，当他和工人们一起把水渠砌好时，已是早晨8点了。之后，他又坚持巡渠连续7个昼夜，腿脚肿得鞋都穿不上。累得实在扛不住时，才靠着渠躺一会儿。冬水全部按时灌完后，他因伤病被迫住进了医院。

直到今天，林场的职工谈及这些事，还深有感触地说："王场长把工作看得比自己的生命还重要。我们苦，场长更苦，只要王场长在，再大的苦我们也能承受。"

1994年冬，灵武矿务局扩建煤矿，王有德抓住这个机会决定对灵武矿区公路两侧沙漠进行重点治理。整整一个冬天，他和工人们吃在沙区，睡在沙坑，奋战在沙海中，冒着零下十几度的严寒，扎草方格690万平方米，硬是将移动的沙丘牢牢固定下来。第二年开春，播撒草籽，栽植柠条、花棒、沙柳等耐旱树种，以往寸草不生的沙丘到处一片翠生生的绿色。

1999年入冬时节，白芨滩防沙林场在突击灵州大道及环城的9公里绿化任务时，晚上9点钟树苗才到。为了保证高成活率，王有德召集林场全体职工连夜赶植。第二天还要参加一个项目谈判的王有德一直干到凌晨4点，实在干不动了就叫来他的妻子和大儿子来接替他干，而他却换了一个地方去给新栽的树浇水去了。第二天一早，灵武市民晨练和上班的人都惊讶了，昨天路两边还是光秃秃的，一夜之间，整整齐齐的两行针叶树像是从地里冒出来的。

28个春秋，白芨滩防沙林场的职工没有双休日，更没有节假日，每天早上6点多进山干活，晚上9点多才收工回家，一年四季不得闲。家里有事实在脱不开身，即使是双休日节假日，也都不会请假，但是白芨滩人从不叫苦，没有一个人所怨王有德，人人心中都言苦，却没一个人说出口，因为他们心中都有一杆秤——他们的带头人比他们更苦。

这就是春风化雨的影响力，王有德就是通过自己的苦干感召和鼓舞着白芨滩人，就是凭着这股子坚韧不拔的毅力，不仅植下了片片绿色，更是时刻以共产党人的模范带头作用，以自己的实际行动带动和教育了一批人，在白芨滩树起一种埋头苦干、无私奉献的崇高精神，弘扬了一种艰苦奋斗、勤业敬业的高尚品格。

"白芨滩的今天，是王有德带领工人用汗水就着沙漠苦出来的！"

"现在哪还有他那样当官的，苦得像个'土老冒'。"

"领导干部要是都能像王有德那样，哪还

有干不好的事……"

有人这样评价王有德："爱林如命，治沙如虎，视绿如子。"

2007年全国绿化委员会、人事部、国家林业局联合发出通知，授予宁夏灵武白芨滩国家级自然保护区管理局局长兼白

△ 自治区党委副书记崔波到白芨滩调研

芨滩防风固沙林场场长王有德"全国治沙英雄"荣誉称号，并号召全国林业战线的广大干部职工向王有德同志学习，学习他不畏艰难、自力更生、艰苦奋斗的拼搏精神；学习他求真务实、与时俱进、勇于开拓的创新精神；学习他牢记宗旨、心系群众、执政为民的公仆精神；学习他不为名利、清正廉洁、无怨无悔的奉献精神。

白芨滩的职工们一点都不惊讶，他们说："王场长在我们心里早就是英雄了，有他在，我们面对沙漠不胆怯，面对荒山有斗志，面对明天有信心。"

英雄总有过人之处。王有德的过人之处，就在于几十年如一日，知难而进，不断探索，亲历亲为，坚持治沙不止，表现了一股少有的韧劲。

白芨滩人这样说：在治沙上他没有攻不下的"山头"，没有拿不下的"碉堡"，没有占领不了的"阵地"。

当记者问王有德对"治沙英雄"的理解，王有德说："我感觉国家给我这么高的荣誉，压力很大。战争年代，外国侵略我们的国家，占领我们的国土，为了保家卫国，保卫我们的领土完整，人牺牲了，才能成为英雄。那么现在沙漠侵害着我们的家园，谁来保卫这个家园，我们几十年如一日与沙漠抗争，植树造林，改善生态环境，保卫国土，保卫家园，后来才真正理解国家下这个定义的意义。"

经过数百年的西进，入侵灵武的毛乌素沙漠流沙已越过东干渠，十多年前，黄河东岸灵武一侧的万顷良田面临灭顶之灾，离黄河岸边只有七八公里。而今，毛乌素沙漠流沙竟向东后退了整整20公里！

这是英雄的创举！

没有经历过的人是不知道治沙的苦，盛夏的毛乌素可以烤熟土豆和鸡蛋，倘若你乘车而来，车的顶盖上可

△ 如今的白芨滩防沙林场已经成为灵武市党员干部教育基地

以烙鸡蛋饼。这一点也不奇怪，因为在盛夏，沙漠的地面温度高达 60℃以上。每天头上烈日烤炙，脚下沙地蒸腾，人人烤得像黑包公，嘴上动不动就起焦泡。白天就着玉米面、干馍馍，晚上在沙窝里搭个帐篷和衣而卧，风沙无孔不入，眼里、嘴里、耳朵里全是沙子……英雄就是这样炼成的。

有人说王有德是铁人，他真是铁人吗？他那最富有特征的大鼻子是常年四季与沙漠斗争的结果，他的一双手因常年栽树黝黑粗糙，而且变得骨节粗大，皮肤被沙漠强烈的阳光烤成古铜色。治沙让他患上了严重的关节炎，这让他的步履看起来有点艰难；坐骨神经痛发作时，晚上睡觉只好跪在沙发上。他随身带着安定片，他每隔一段时间就要吃一把药。由于经常遭受风吹沙打，他的左眼已经接近失明……到现在，王有德虽是一个处级干部，他仍和林场的职工一样，差额的工资靠在大田里劳动挣。

说他铁，那是指他有铁一样的意志。

王有德眼看步入花甲之年，职工心疼这个领路人，都劝他回去休息休息，身体是革命的本钱。

王有德很形象地说："我休息人家风沙可不休息。"

有人为他的付出感慨万千时，王有德却说："付出更多的是我们的工人，那些与我一起披星戴月砥砺风沙的弟兄姐妹们，我只是把他们拢了起来，虽然他们现在人均年收入过了四万，有些职工一年收入二三十万，可是与他们的付出相比，还是奉献大于所得，我们没有双休日、节假日，长年如此，有事打个招呼，没人有怨言，他们真正把场当作自己的家了，上班就跟回家一样，真的应该感谢他们啊，他们都是劳模，都是英雄。"

精神源泉

一个成功的人，总有着自己的精神源泉。在王有德的精神世界里，他的父亲、家人和党组织为他注入了太多的精神营养，这成为他为事业而拼搏，为理想而奋斗的精神支柱和力量源泉，使他的信仰愈发地坚定，理想愈发地明确，在金钱面前，他没有迷失；在挫折面前，他没有沉沦；在成绩面前，他没有骄傲，从而使他的人生愈发地精彩，生命愈发地高尚。

源头活水

☆★★★☆

王有德在描写白芨滩防沙林场治沙成效的材料中看到了"草长莺飞"这个词，他把"草长莺飞"四个字勾掉了。他说，草在哪里? 莺飞何处? 现在我们只不过扎了些草格子，这些草格子还说不定一场风埋没得无影无踪，治沙永远不要说这种言过其实的话!

王有德上小学三年级的时候，有一回回

家的路上捡到了一根钢筋撬杠，父亲硬说他是偷来的。就整日留心打听过路的司机，一直找到了那个司机，司机说是他用过后没放好，让车颠簸丢了，绝对不是他偷的。父亲这才放过了他。

大哥在生产队当会计那会儿，需要个人章子。大队给配了木头章。后来，兴起塑料章，大哥就私下花五角钱自己刻了一个，被父亲知道后狠狠地训了一顿……

一个冬日的夜里，一场大雪笼罩了马家滩，寒冷让人们把门窗压得严严实实，缩在被窝里。王有德的父亲却起来了，穿上皮袄，装上干粮，拄着那根木棍上路了。没过脚面的皑皑白雪踩在脚下咯吱咯吱的。身为磁窑堡镇的党委书记，他要到五十里以外的磁窑堡镇去看羊群，看看草料够不够、有没有被冻坏的羊只……

有一年过春节，一个多年不走动的远房舅舅来家里，送来一只羊。王有德的父亲回来知道情况后，立刻发火，训斥了母亲。命王有德套上驴车把羊送回去，说他肯定有事来的，你去给他说，只要符合规定，有事我们办事，不符合规定，那就送一群羊也不行。这时候的父亲已经是灵武县委常委、崇兴镇党委书记了。

那时候是计划经济时代，买糖是需要糖票的，父亲每分到糖票，买回二斤糖来，都会用盖碗盖子分开，让王有德给村子上七八个老人一盖子一盖子送去。

……

问渠哪得清如许，为有源头活水来。父亲对王有德的影响是广泛而深远的，这样的故事王有德从小就时常经历着、感悟着。

在北沙窝开发经果林期间，有一天，母亲不小心摔伤了脚，伤势很严重。王有德正忙着，走不开，工人王建国有辆摩托，王有德就让王建国替他去一趟，将母亲送到医院上药包扎。这事被父亲知道了，好一顿训："你是场长，你这样做，以后如何领导别人？说别人还能理直气壮？"

在王有德心里，父亲就是一面旗帜、一座丰碑，父亲去世后，给他留下的是已经掉光了漆的两把老式椅子和一张桌子。

父亲敬业清廉的精神在王有德身上被传承和发扬。

1998 年 4 月，白芨滩林场与陕西某公司签订了一份 30 万株的优质枣树育苗合同，但该公司送来的苗木成活率低，达不到合同要求的验收标准。这家公司的负责人来到王有德的办公室，把一个厚厚的牛皮纸信封塞进他的抽屉说："王老哥，你就关照我这一次，这 3 万元钱是老弟的一点心意……。"不等对方说完，王有德把信封扔回对方怀里："我要的是合格的树苗，你把苗子按合同要求搞好比给我什么都强！"此后，对方还不甘心，又送了两次，每次都被他断然拒绝，后来对方只好按合同为林场赔付了 10 多万元的损失。

在权力与利益的砝码上，王有德眼中国家和职工的利益高于一切。王有德历来对自己要求严格，从不乱用手中的权力，始终做到清正廉明。

油料供应紧缺的时候，因为车辆承包给职工，缺油影响职工收入。王有德跑前跑后为找油可是费尽心机。有一次，王有德跑来了 2 吨油，搞个体运输的外甥上门求舅舅让给他一桶，王有德不答应，气得外甥声言不再认他这个舅舅。

白芨滩防沙林场对职工子弟上学实施扶助奖励政策，王有德自己儿子上大学，却从未领取过一分钱。财务人员多次催他，王有德却说："扶持政策是给职工制定的，不是为领导制定的，

领导只有把职工的事当成自己的事来办，工人才会把林场的事看成自己的事来干。我的情况比职工好一点，算了吧。"

王有德在灵武的亲戚朋友很多，随着林场效益的逐渐好转，一些亲戚找上门来，想让王有德在林场安排工作。王有德妻兄一家几个人在供销社工作，这几年，由于供销社效益不景气，子女先后下岗，找到王有德，要求给一个孩子安排个工作。王有德说，你的娃娃是搞商业的，一不懂林业技术，二不能干体力活，连树苗都认不得，护不好树，我怎么向职工交代，你别为难我了。外甥媳妇没有工作，多次找王有德，希望安排在林场后勤部门。王有德说，场里一线工作太苦，女孩子干不了，若安排在场部机关，口子一开，那场里几百号人我还怎么管。有一次，一位亲戚想借场里的小车用一用，他说："这是场里的公车，哪能随便给私人用呢？"可当职工群众和退休老干部需要用车时，他都能尽量满足。

他说："权力是党和人民给的，我们必须忠诚于党，服务于人民，尽好自己的职责，用好自己的权力。"

1999年春，灵武市一家开发商着手建设一项重点工程，但启动资金缺口大，需要向银行贷款。开发商请出一位市领导来找王有德，提议用林场的机砖厂做抵押。王有德一听，心里很不舒服：这个机砖厂是白芨滩人的心血啊！我只有经营好的责任，哪有将它置于风险之地的权力？王有德坚决回绝了前来说情的市领导。事后，有人对王有德说："你真是个死脑袋，别人巴不得给领导落个人情，好进步，再说机砖厂又不是你家的，何必那么认真？"他动情地说："我们的机砖厂同我本人一样，都是为白芨滩的封沙育林事业服务的，我们只有尽好自己的职责，用好自己的权力，才对得起白芨滩的职工群众。"

白芨滩防沙林场治沙事业越来越兴盛，成为媒体关注的焦点，王有德的父亲跟他说，做事一定要脚踏实地，一就是一，二就是二，别不着调胡说乱吹。有一回，王有德在描写白芨滩林场治沙成效的材料中看到了"草长莺飞"这个词，王有德把"草长莺飞"四个字勾掉了。他说，草在哪里？莺飞何处？现在我们只不过扎了些草格子，这些草格子还说不定一场风埋没得无影无踪，治沙永远不要说这种言过其实的话！几年前，当树林中有了猪獾、红狐、猎隼、红腹锦鸡等珍稀动物，空中飞鸟成群的时候，王有德又专门对写材料的人说，现在你可以用"草长莺飞"这个词了。

王有德出生于干部家庭，父亲曾先后担任灵武市委组织部部长、常委、人大副主任、政协主席。哥哥也担任过灵武市委组织部部长、市委副书记等职务。身处这种条件，在灵武市挑选一个环境好的工作单位是完全没有问题的，但父亲正直无私

△ 白芨滩防沙林场下属单位马鞍山管理站一隅

的工作态度、对子女的严格要求以及这种长期以来潜移默化的影响，使王有德毅然选择了留在白芨滩，留在这个环境艰苦、工作艰难的林业工作岗位上。

王有德在白芨滩林场 28 年间，先后有几次调动的机会，他都不动心。1986 年，自治区林业厅党组研究，要调王有德到宁夏林业学校任总务科长，他拒绝了，说："我立下三不走誓言，现在走了，以后还怎么见白芨滩人。"

1992 年，灵武进行乡（镇）机构调整，组织上先后两次打算让他到临河乡或东塔乡当党委书记，他谢绝了，说："现在场里刚有起色，正在爬坡，职工的日子比过去好是好多了，但还是苦，我不能走，我不放心走，我也舍不得走。"

1998 年，林业厅拟调王有德到厅直属一正处级单位任正职。进场之初，王有德立下的三不走誓愿，十年后，已经完全实现了，870 多万元的贷款还清了，治沙面积早超了 20 万亩，职工住房、看病、子女入学的困境基本得到了解决，全场近四分之三的职工搬进了新居。但王有德又谢绝了，他说：“我是舍不得白芨滩这片洒满自己汗水的土地，舍不得与自己朝夕相处、同甘共苦过的兄弟们，他们为白芨滩付出了那么多，可现在生活水平还不算高，日子不好过，我怎么忍心离开？”

1999 年，王有德还有一次机会到一个各方面条件都比白芨滩好的单位去任职，他再次谢绝了。

亲友同事都不止一次地劝他：“哪个单位都比你现在轻松，升得高，待遇好，不用风吹曝晒，你到底想的啥？”

王有德总是淡然地说：“我看重的不是这些。我的心里只有一个目的，多为后人留些绿色，少给人生留下遗憾，我哪儿都不去，和毛乌素沙漠斗到底了。”

王有德把治沙事业置于至高无上的地位。

◁ 设施温棚内培育的春雪毛桃

➔ 治沙一家人

★★★★★

王有德经常半夜三更才回来，一进屋把老伴推醒，说还饿着肚子呢。老伴赶紧起来做饭，等饭做好了，王有德却睡着了。眼看着饭一点点凉了，老伴不得已推醒他，王有德迷迷糊糊地扒拉上一碗，就又倒头睡着了。

为了群众的利益，王有德把所有的时间和精力都放在了场子里，都放在了职工身上。在王有德的家人印象中，自从王有德到白芨滩以后，就从来没有按时按点回过家，也从没有准时在家吃过一顿饭。开发北沙窝分场以来，王有德经常半夜三更才回来，一进屋把老伴推醒，说还饿着肚子呢。老伴赶紧起来做饭，等饭做好了，王有德却睡着了。眼看着饭一点点凉了，老伴不得已推醒他，王有德迷迷糊糊地扒拉上一碗，就又倒头睡着了。王有德在白芨滩 28 年的日子里，从没有过星期六星期天，更没有什么假期。就连穆斯林最隆重的节日古尔邦节，他都从没在家好好过上一次。有时候，正宰着牲，场里的职工来了，说，林场的职工与农民吵起来了，农民的羊把树给啃了，王有德立马跟着职工走了。

王有德是林场众所周知的孝子。就是再忙，他总要抽点时间先看看父母，但都是来也匆匆，去也匆匆，很少能陪父母吃顿饭，父亲却说忙你的去，只要在电视上、报纸上看到白芨滩林场又绿了，就比什么都开心。

2002年春节，王有德的父亲身体不适，为和日本专家到林场洽谈援助项目，王有德改变了本想带父亲到银川查病的打算，结果，耽误了给父亲治病的最佳时间。6月，王有德将父亲送到医院，一查，已是胃癌晚期。当天他从银川回到林场，在办公室里，给王兴东副局长说起父亲的病情时，忍不住像个孩子似的哭了起来。8月，王有德的父亲去世。父亲的病逝，让王有德心里一直很愧疚，他说都是因为工作太忙，把父亲的病耽误了。

而对儿子，王有德也一直很内疚。两个孩子长这么大，他从没有像别的爸爸那样带孩子出去玩，孩子们有啥事，有啥心里话都是跟母亲说，很少跟他说。王有德知道，他为儿子们付出得太少。在两个儿子的记忆里，从上学起，爸爸就没有参加过家长会，连老师长什么样都不知道。有一段时间，二儿子学习成绩不好，老师指出家长配合不好，妻子埋怨王有德说，你一天忙工作，东奔西跑，家里啥事都不管，儿子学习成绩不好，我又看不懂。王有德上去就给了儿子一巴掌，然后去了办公室，办公室主任魏蒙见王有德神情沮丧，就问咋了，王有德噙

△ 年轻时代的王有德夫妇和两个儿子在一起

着眼泪说，你看，我今天怎么干了这么个事，平常没有时间过问孩子的学习也就罢了，今天还打了他，我这个当爸爸的真是惭愧啊。直到现在，他也总说，他亏欠儿子亏欠老伴的太多。

《人民日报》记者采访王有德的大儿子王立钧时，王立钧有这样一段讲述：

说起我爸，我真的很佩服他。他种树已经到了痴迷的程度，无论做什么，他都忘不掉那些树。他说，一棵树就是一个手握钢枪的战士，成片的树林就像一个团、一个师甚至一个军的士兵，可以有效防御沙漠攻击，保护咱们的家园。

我上一年级那年，爸爸就到林场当副场长了，也是从那时开始，我看到爸爸的时间越来越少。我问妈，爸去哪儿了？妈说，种树去了。我就寻思，种什么树呀，晚上都不回家。

我爸经常十天半月回一次家，回到家，浑身上下都是土，像个泥猴似的，饭都懒得吃，也不问我学习咋样，倒头就睡。我早起上学的时候，又不见他影子了。

上二年级那年，林场搞秋季植树大会战，我有一个多月都没有看到他。正好有个林场的叔叔到山上去，问我想不想去，我说当然想。我找到爸爸时，他那模样活像个叫花子，身上的衣服烂了几个洞，裤子的颜色说灰不灰，说黄不黄，头发长得老长。

我站他身边，他都没看我一眼。他正和大家一起忙着从卡车上卸树苗，卸完后，手持一把铁锹，在刚整过的地里一点一点地铲出浅浅的坑。我知道，在他铲过的地方，都要栽上一棵树。

虽然他一直没理我，但我还是好奇而又兴奋地跟在他后面看他铲坑。忽然，他回过头来对我说，跟着我干什么，还不快给新栽的树苗浇水去，此后再没理我。你说我冤不冤，本想着到山上找他去玩的，结果他让我义务劳动了一整天。

从那以后，每年放了假，爸爸都要吆喝我到林场去劳动。我妈说我爸：把你一个人贡献给林场还不够，你还要把娃拽上。我爸笑着说，谁让他是植树人的后代呢！

△ 王有德夫妇和兄长王有才以及两个儿媳、长孙在一起

我爸也有苦恼的时候，他的苦恼还是与植树有关。有一年，林场栽下的 20 厘米高的樟子松树苗遇到了金龟子吃芽尖的难题。芽尖被吃掉，樟子松长起来就困难了。大家想了很多办法，都解决不了问题。这么着，我爸就开始琢磨上了。那时，我和我妈都不知道他琢磨这档子事。吃饭的时候，他正夹着菜，忽然就冒出一句"金龟子"，我以为我妈做的菜里有金龟子，就问在哪里。我爸不好意思地笑说，没事没事，金龟子吃樟子松的芽尖，我没想出解决的好办法。我妈埋怨说，你迟早让栽树把你弄得魔怔了。那天晚上爸没睡，一直在那里折腾，弄几张纸，比画来比画去，就那么比画了多半夜。

　　后来，他发明了给樟子松穿裙子的办法，把金龟子吃芽尖的问题解决了。樟子松树苗栽到地里后，他们用一块塑料布，做成喇叭状，喇叭口朝上，固定在每一棵树干上。这样，金龟子就没法爬上去吃芽尖了。给樟子松穿裙子，工作量多大呀，每棵树都得过遍手，但他们就是那样干过来了，才有了今天成片的树林。

　　我爸还有很多小发明，解决了造林防沙中的难题。如果非要让我给我爸下个评语的话，那就是：执着！

　　1986 年 7 月，在北沙窝地区 500 亩流动沙丘开发果园时，离家仅 3 公里的王有德始终与职工住在 4 顶帐篷内，最多的一次竟 50 多天没有回家。一天，妻子从 3 公里外哭哭啼啼跑到林场，找到与职工一道光着膀子挥汗如雨的王有德，告诉他长子的脚被邻居的手扶拖拉机压成骨折，要他赶快回家给孩子看病，并找邻居说道说道。他却不等妻子将话说完就大声训斥："我一不是大夫，二不是医生，找我干啥？都是隔墙对门的邻居算啥账？"妻子就骂他拿人头换人情。

母亲年事已高，有一回生病要去医院，妻子托人捎信要他回家一趟，他却请管灶的工人进城购菜时替他回家看看母亲"病情咋样"。事后，王有德回家，面对母亲很是歉意，母亲笑着说知道你忙着哩，把树种好。

投标古王公路绿化工程时，林场因缺乏55万元履约保证金，到银行申请贷款又来不及，王有德就借来父母、哥哥、亲家、妹妹等5家人的房产证，抵押贷款，3名职工知道后也向亲戚借来了13本房产证，其中一名还是退休职工，保证了投标的顺利进行。

 巨大的鼓舞

★★★★★

2009年，温家宝总理参加丹麦哥本哈根世界气候大会时，现场向全世界所播放的宣传片中的部分镜头就是白芨滩与风沙抗争、治沙播绿、创造美好生活的感人情景，引起与会的各国代表高度称赞。《国务院关于进一步促进宁夏经济社会发展的若干意见》曾提出重点推广白芨滩成功的治沙模式和经验，这个模式和经验的核心就是"治沙与致富同步发展"。

白芨滩防沙林场的治沙事业，一直牵动着党和国家领导人的心。胡锦涛、习近平、曾庆红等党和国家领导人亲临白芨滩防沙林场视察指导，温家宝等党和国家领导人不止一次对白芨滩防沙林场的治沙成果寄予高度评价并指示在全国推广。国家林业局、国家环保总局、区、市党政主要领导、上级业务部门的领导也多次到白芨滩参观考察，并对他们的工作给予了充分肯定。

2007 年的 4 月，乍暖还寒，大地回春。13 日下午，胡锦涛总书记前往白芨滩林场大泉试验区，视察防风治沙工作，看望了多年奋战在一线的治沙英雄王有德。

4 月 12 日，得知总书记要来考察的消息，王有德心里既高兴又忐忑不安，"怎么向总书记汇报呢？"

一个晚上的辗转反侧，他有了主意：准备些防风治沙的旱生苗木吧，让总书记感受一下沙漠植物坚韧的生命力。4 月 13 日一大早，王有德精心挑选了两株柠条、两株沙拐枣、两株沙柳、两株沙冬青和两株沙木蓼。

17 时，总书记乘坐的车来到白芨滩防沙林场大泉分场场部门口。王有德一上车，胡锦涛总书记便站起来跟他握手，随行的自治区党委书记陈建国介绍说："这就是老王，全国治沙英雄。"

"总书记能在百忙之中看望防沙治沙工程，我们感到非常幸福。感谢您对林场职工的厚爱，您辛苦了。"王有德说。

"你们更辛苦，做着功在当代、利在千秋的事情。"总书记说。

　　出行车驶向五公里外的沙山深处，去往治沙现场的路上，胡锦涛同志坐在王有德对面嘘寒问暖。他问收入、问住房，对林场职工关怀备至。当他听说林场职工的孩子上学问题尚未得到妥善解决时，非常挂念，建议在县城建宿舍，方便孩子们寄宿上学。

　　蓝天白云，朗日清风，白芨滩防沙林场，林网如织，一望无际的沙丘被草方格缚住，一改往日桀骜，任草木蓬勃横生。

　　总书记对治沙的职工说，你们辛苦了，这么好的局面的确来之不易。

　　在沙山上，胡锦涛总书记与林场职工一起亲自扎设草方格，种下了几株沙柳和沙拐枣，并叮嘱王有德要继续搞好沙漠治理和生态建设，为子孙后代造福。

　　职工王学林对总书记说，自己一家三口去年靠承包果园、治沙种树收入了6万多元，治沙时间长了，对沙漠也有感情了。

　　胡锦涛说，你们的工作辛苦，但是非常有意义。一方面固沙植树对改善生态环境做出了贡献，同时也通过辛勤劳动尽快富裕了起来。沙退人才能进，我们的下一代才有希望。

　　临别时，王有德说："感谢总书记对宁夏的

关心，希望您再来宁夏，再来白芨滩林场。您再来的时候，这里的沙漠一定会有更大的变化，请您放心！"

"我相信！"胡锦涛总书记说。

出行车缓缓驶出王有德的视线，他低头看了看腕上的手表，时针指向 17 时 58 分。胡锦涛总书记在白芨滩大泉林场停留的 55 分钟，永远刻在王有德的记忆深处。

2007 年 3 月 26 日至 27 日上午，国务院召开全国防沙治沙大会。王有德作为全国仅有的两名治沙英雄之一，受到国务院总理温家宝的亲切接见。会上，温家宝总理深情地感谢治沙人对我国生态建设的贡献。

2009 年，温家宝总理参加丹麦哥本哈根世界气候大会时，现场向全世界所播放宣传片中的

△ 自治区党委书记张毅、副书记崔波等领导在白芨滩考察生态建设环境保护工作

部分镜头就是白芨滩与风沙抗争、治沙播绿、创造美好生活的感人情景，引起与会的各国代表高度称赞。

《国务院关于进一步促进宁夏经济社会发展的若干意见》曾提出重点推广白芨滩成功的治沙模式和经验，这个模式和经验的核心就是"治理与致富同步发展"。

2008年4月7日下午5时许，在出任国家副主席不到一个月的时间，中共中央政治局常委、中央书记处书记、国家副主席习近平，也来到白芨滩防沙林场视察。

春意盎然的林区里，参天白杨，傲然青松，丛丛灌木，诉说着治沙英雄王有德20多年来与

△ 林场的工厂化育苗车间

400多名职工在风雨中固沙造林40余万亩的动人故事。

"我是来向你学习的。你们在这里做出了很大贡献，非常了不起。"习近平紧紧握住王有德的手说。

"你们很辛苦，成果很喜人，很鼓舞人心。这是一项平凡而伟大的事业，也坚定了我们治沙的决心。对你们的事业，我们会全力支持。"习近平的赞赏让围拢过来的治沙人自豪而感动。

"我们和治沙英雄一起来植树吧。"所有的语言都融会在习近平的这个提议里。一棵新栽种的枣树矗立在风沙中，像腾格里沙漠边缘的坚强卫士。

习近平说："治理沙漠是事关祖国生态安全的大事。宁夏在治理沙漠方面取得了好成绩，效果很好，有效推动了防沙治沙工作，为进一步做到'人进沙退'起到了很好的推进作用。宁夏把防沙治沙工作当作一项政治任务来完成，这个做法好。防沙治沙工作是一项功在当代、利在千秋的伟大事业，它不仅是宁夏的大事，也是全国的大事。"

2009年6月30日，全国优秀共产党员代表座谈会在北京人民大会堂召开。中共中央政治局常委、中央书记处书记、国家副主席习近平对与会的王有德说："白芨滩改天换地的创业精神，为'三北工程'做出了贡献，树立了典范。"

2002 年 6 月 16 日上午,曾庆红来到绿色如织、翩鸟高歌的白芨滩。他踏沙而上，站在一座沙丘上极目远眺，只见曾经桀骜不驯的沙魔被麦草方格紧紧缚住，草格里栽种的柔嫩细绿正拥着阳光唱着生命之歌，曾庆红被眼前景象深深打动。

他紧紧握着王有德的手说：“你们在茫茫的毛乌素沙漠，筑起了一道绿色生态屏障，为再造西部秀美山川做出了突出贡献，你是治沙功臣，我们大家都要向你学习。”

曾庆红仔细询问了林场的管理、发展等情况。听说白芨滩林场大部分职工年工资收入都在 1 万元以上，最多的还突破了 3 万元时，曾庆红十分高兴。他说，西部地区更需要一种艰苦奋斗、无私奉献精神，要把王有德的事迹推而广之，让更多的王有德涌现出来。

鹰击天风壮，鹏飞海浪春。关怀提振信心，爱心汇聚力量，党和国家领导人的视察与指示，在白芨滩都是一种动力，更给白芨滩防沙林场广大职工以巨大的鼓舞，增强了他们治沙的信心，坚定了他们的信念，他们一次次把这份鼓舞人心的动力转化到伟大的治沙事业中。

英雄无悔

对人生意义的理解，对理想价值的思索，确立了人的精神支撑，从而丰富和装饰了生命，也才能使生存变得多姿多彩。只有这样人才能在有限的生命中去追求绝对和永恒，建构起人存在的价值和意义，最终为自身的精神生存找到归宿。

一个人不能增加生命的长度，但能拓展生命的厚度和宽度。要增加生命的厚度，就要付出艰辛的代价，要打造精彩的人生。要让每一天过得有意义，就必须勇于挑战，不畏挫折，轰轰烈烈干一场，增加属于自己生命的厚度，那么我们的人生就不会是过眼云烟，我们抒写的将会是无愧于生命的价值！

王有德的生命，那是由宽度与厚度组成的英雄体！

◁ 自治区林业局党组书记赵永清带领局机关干部到白芨滩参加治沙劳动

生命的厚度

★★★★★

　　王有德的人生经历如果写自传，那是再简单不过了，治沙，治沙，再治沙……20 年、30年……直到退休，都不会换岗位，但是毛乌素沙漠会记得他的每个细节，每个脚印，他的年轮是风镂沙磨出来的。他作为英雄，没有惊天动地的大事，然而，却有着波澜壮阔的豪迈。

　　有人这样说过，王有德的生命里全是干货，不但挤不出水分，而且全是压缩饼式的，他的每一天每一时每一分，都有可说可讲的。

　　"九层之台，始于累土，千里之行，始于足下。"在毛乌素沙漠深处，王有德留下了一个个踏踏实实的绿色足印，创造了一个个防沙治沙的奇迹，从而也增加了生命的厚度和宽度，他的生命已经与毛乌素沙漠凝结在一起。

　　28 年来，王有德没有双休日，更没有节

假日，你要问哪天是几号，他都能回答上来；可你要问哪天是星期几，他就不一定说得出来了，在他的头脑中，就没有双休日的概念。多少年以来，除了春节以外，王有德和他的同事们没放假休息过，平时谁家里有事，请个假处理一下就是了。王有德对身边的人说，全场职工都在大田里干活，我们哪能放假休息呢，职工看见我们休息，会怎么想? 王有德不但不正常休息，而且常常忙到深夜。他白天参加劳动，就把研究工作的时间放到晚上。开会、工作到深夜 11 点以后更是常有的事。这样加班加点，王有德和他的同事们却从没有领过一分钱加班费。大家都知道王场长没有其他爱好。他的爱好就是两个字："栽树! "

按照场里的规定，包括王有德在内的场部所有机关干部的部分工资，要他们自己直接从劳动中去挣，每个人都要承担生产任务。如果完不成定额，工资就不能足额发放。这项规定是王有德上任场长提出的三大改革方略之一，多年来，他一直带头完成生产定额，从没有搞过特殊。现在，他的事务性工作更多了，但他并没有因此而要求减少生产定额，仍然按要求保质保量地完成每一项生产任务。

王有德口袋里一直揣着剪子，可以随时修剪树枝；包里装着锯子、卡尺、手电筒，方便晚上装卸苗木检查质量；车上总是放着工作服、铁锹和干粮以及开会时穿的衣服，饿了就将就吃一口，困了，就在树下、车上凑合打个盹，遇上开会或有其他的工作随时换上衣服就走……王有德出名了，白芨滩防沙林场也出名了。慕名前来参观、学习的人络绎不绝。差不多每个星期都有几拨人要来，这些往往都需要王有德出面接待。王有德的社会活动多了。他除了担任本单位的领导职务外，还是四级人大代表，考察、调研、开会、讲话、组织、协调，很多事情都少不了他。尽管如此，他依然不愿坐在办公室里，不愿脱离生产一线，与全场职工打成一片。

△ 原自治区政府副主席、国家林业局局长、现任国家环境保护部部长周生贤在白芨滩指导工作

王有德的生命就被这样加厚了。有人为他算过账，说他的一年相当于别人的两年。

　　去外地调树苗，王有德总是吃罢晚饭连夜出发，天亮到达目的地，然后到苗圃察看，亲自验收装车，再连夜返回。他说，这样既节省时间，又节约住店钱。常跟他出门的司机只要一听局长出门，都会带上干粮、咸菜，走哪儿要一碗茶，吃得很简单。到银川开会办事，不管多晚都回灵武，他是这样算账的，开车回来顶多烧几块钱的汽油，住店再便宜，一晚上也得几十块。所以，场里人在银川出差都没有住宿的习惯。

△ 自治区原党委书记陈建国、原副书记于革胜在保护区参加劳动

1999 年，为申报国家级自然保护区项目和争取日本治沙投资项目，王有德先后三次进北京。一次，他们实在找不到便宜宾馆，就在一家小旅馆的地下室里住了下来。房间内空气污浊，光线昏暗，让人难以忍受，他就趴在地上修改文件，一夜没有合眼。早上 5 点，他们步行到国家对外经济贸易委员会办公大楼门前，区林业局办公室副主任赵惊奇进去送材料，他坐在台阶上和同行的财务科副科长吴迎梅说话，聊着聊着，就在台阶上睡着了，见此情景，吴迎梅的眼泪夺眶而出，轻唤一声"场长啊……"

　　2001 年 11 月，日本国对华援助最大生态建设项目——中国黄河中游流域防护林建设项目正在建设之中。此时已进入冬季，土地逐渐封冻，按计划当年的工程量已经结束。不料，日方突然决定，要对施工项目进行检查，并且指定要看一条计划修建的沙漠砾石路。坐在区林业局的会议室里，王有德向日方代表欣然表示，一切工作都按要求完成，随时欢迎检查验收。而此时，日方指定要看的那条砾石路，还仅仅是双方图纸上的一条黑线。了解情况的区林业局领导暗暗着急，王劳模不是在开国际玩笑吧？

　　王劳模没有开国际玩笑。当他走出林业局会议室的时候，已经是下午 5 点，他谢绝了大家的挽留，一边风驰电掣往回赶，一边打电话指挥家里的领导组织人马上工地，等他从银川赶回来，推土机、装载机、压路机和 100 多名干部职工早已汇聚在沙漠里。王有德一声令下，各种机械流水作业，百名工人挥锹上阵，整整一夜，他们硬是照着车灯，拼下了 3 公里砾石路。第二天，中日双方的领导和专家按时来到了工地，中方人员睁

大了诧异的眼睛，
满脸狐疑。做事
一向严谨的日方
专家，对照图纸
对展现在他们眼
前的这条路进行
多项检查，一切
都符合要求，严
肃的脸上也露出
了满意的笑容。

△ 自治区领导和外国友人在白芨滩参加植树劳动

　　白芨滩这些
年实施了多个外援项目，王有德说，外国人不是
老拿生态问题对我国说三道四吗？我们和外国人
打交道，代表的是国家形象，在外国人面前说
不行，那是丢中国人的脸，我们能干这种事吗？！
他说话算数的实干精神，赢得了日本人的信任，
先后有四个项目交给白芨滩实施，为我们开展治
沙赢得了资金支持，同时也加深了国际社会对中
国的了解。

　　王有德的人生经历如果写自传，那是再简单
不过了，治沙，治沙，再治沙……20 年、30 年……
直到退休，都不会换岗位，但是毛乌素沙漠会记
得他的每个细节。他作为英雄，没有惊天动地的
大事，然而，却有着波澜壮阔的豪迈。

英雄的十二五

★★★★★

参加十八大归来，王有德还为林场的每位职工带来了一份礼物——党的十八大纪念首日封。他对职工这样表述着自己参加十八大的感受："开幕式，中央领导步入会场，全场响起长时间的掌声。我的感受就是，我们党的伟大，国家的强大。报告的每一段关键时刻，掌声就会响起来。我感觉，这掌声体现了大家对在中国共产党领导下的祖国这些年发展巨变的信心，坚定了全国人民走中国特色社会主义道路的决心。"

作为党的十七大和十八大基层代表，王有德将参加十八大开幕式视为一项极高的政治荣誉。参加十八大归来，王有德还为林场的每位职工带来了一份礼物——党的十八大纪念首日封。他对职工这样表述着自己参加十八大的感受："开幕式，中央领导步入会场，全场响起长时间的掌声。我的感受就是，我们党的伟大，国家的强大。报告的每一段关键时刻，掌声就会响起来。我感觉，这掌声体现了大家对在中国共产党领导下的祖国这些年发展巨变的信心，坚定了全国人民走中国特色社会主义道路的决心。"

十八大报告对生态文明建设这样描述：建设生态文明，是关系人民福祉、关乎民族未来的长远大计。面对资源约束趋紧、环境污染严重、生态系统退化的严峻形势，必须树立尊重自然、顺应自然、保护自然的生态文明理念，把生态文明建设放在突出地位，融入经济建设、政治建设、文化建设、社会建设各方面和全过程。

王有德备感振奋："十八大把生态文明建设放在突出的地位，提出建设美丽的中国，对我们林业工作提出了更高的目标要求。十八大提出，更加珍惜自然，一字一句都饱含深意。今后要更加积极地保护生态，要努力走向生态文明的新时代。坚定不移地推动生态文明建设，坚定不移地防沙治沙，以实际行动来贯彻落实党的十八大精神，用更好的成绩回报社会、回报人民、回报党组织的支持培养。"

参加十八大一回来，王有德就一头扎进了毛乌素沙漠，带领工人们平整土地，备苗、备草，扎草方格……一场生态文明建设的攻坚战又将如约打响，王有德在宣讲十八大精神，用了这样的结语："生命不息，治沙不止。"这是他的承诺，更是他的誓言！

在白芨滩防沙林场的"十二五规划"中，王有德将带领白芨滩人彻底消灭林场剩下的 40 万亩顽固性沙丘，在巩固"荒沙变绿洲"成果基础上强力实施"绿洲变家园"工程，走可持续发展之路，大力发展林果业、养殖业、沙漠温棚苗木产业和生态旅游业，让沙漠养人。

规划是写在纸上的，要落在地上，那必将又是一番苦战。

苦，王有德不怕。

"再过10年，剩下的40万亩沙荒地将全部被治理，那里会成为森林覆盖、瓜果飘香、动物生息繁衍的美丽家园。"王有德动情地说。

在王有德的带领下，白芨滩防沙林场从一个防风固沙实验站，到县级林场，再到省级自然保护区、国家级自然保护区，我们有理由相信，这不是高谈阔论、哗众取宠，在不远的将来，必将成为现实。

 ## 世界记住了英雄的名字

☆☆☆☆☆

摩尔多瓦共产党执行书记尤里·蒙泰安参观白芨滩后写下感言："只有在伟大的中国共产党的领导下，团结一心的中国人民才能够创造出如此伟大的沙漠奇迹!"英国保守党督导布郎先生说:"我们只有一个地球,保护我们共有的家园,是大家共同的责任,白芨滩人创造的防沙治沙成果,令我们感到钦佩。"

　　如今的白芨滩防沙林场治沙造林已经达50多万亩,林场面积扩大了6倍,达148万亩,造林平均成活率达到85%以上,森林覆盖率达40.6%,特别是在大泉干燥型流动沙区,实现了沙漠从引黄灌区后退20公里的伟大壮举,保护区内形成全国面积最大、防沙治沙效果最好,长

△ 林场职工休闲区一隅

势最喜人的 27 万亩天然柠条林和 30 万亩猫头刺植物群落，国家一级保护植物发菜，二级保护植物沙芦苇，珍稀濒危植物沙冬青等 306 种旱生沙生植物，荒漠成林以后，招回大量鸟类和大批动物，其中包括国家一级保护动物黑鹳、二级保护动物斑嘴鹈鹕及大鸨、鸢、大天鹅、鸳鸯，还有已列入濒危野生动物国际贸易公约保护的绿翅鸭、白琵鹭、猎隼等多种飞禽 115 种，占了宁夏野生动物种数的 43.3%。

白芨滩防沙林场成为中国生态文明建设的一扇窗口，一座享誉全球的绿色丰碑，一个世界治沙史上的典范。近年来，美国、英国、香港等近 100 个国家和地区的政要、专家、学者前来访问和考察，外国友人无不惊讶感叹。

摩尔多瓦共产党执行书记尤里·蒙泰安参观白芨滩后写下感言："只有在伟大的中国共产党的领导下，团结一心的中国人民才能够创造出如此伟大的沙漠奇迹！"

英国保守党督导布郎先生说："我们只有一个地球，保护我们共有的家园，是大家共同的责任，白芨滩人创造的防沙治沙成果，令我们感到钦佩。"

乌干达、肯尼亚、苏丹、赞比亚等 27 个非洲国家驻华外交官组成的非洲高级外交官访宁代表团到白芨滩参观访问,在留言簿上发表观感：

这里正在发生的是中国人民的一项伟大的事业。

尼日尔前总理、争取民主和进步联盟党主席哈米德·阿尔加比德，南非全国公民组织副主席露丝·布恩古女士等在观看了管理局防沙治沙情况后感慨地说："中国人民是世界上最勤劳的民族，你们在生态建设方面所做的努力和取得的成绩，值得世界人民学习。"

美联社、路透社、意大利广播公司、欧洲新闻图片社、丹麦《日德兰邮报》以及西班牙、日本、挪威、德国国家电视二台、德法联合电视台、奥地利国家电视台等 30 多个国家的新闻媒体，实地采访、拍摄白芨滩职工在这里开展的沙漠治理工作，向世界介绍"全国治沙英雄"王有德带领白芨滩人治理沙漠，实现人进沙退的壮举。

《人民日报》、中央人民广播电台、中央电视台等国内各大新闻媒体也在主要版面和黄金时间，刊播了 30 余万字的宣传文字和 100 多幅新闻照片以及电视新闻专题片，扩大了保护区的社会影响力和知名度。有 30000 多人次到保护区参观生态建设成果，接受教育，全社会逐步形成了爱护资源、保护自然的良好氛围。

生命，因积极向上而崇高；信念，因砥砺艰难而精彩。

世界记住了一个英雄名字——王有德。

后 记

大有大德英雄气

说起英雄，我们就会在心中产生一种崇敬之情，一种敬畏之情，爱戴之情。英雄是一种美的存在，它使国家更加昌盛，民族更加富强，百姓更加幸福。最是体现了他们高尚的民族节操和爱国的核心情怀。在词典中，"英雄"有三种基本解释：一是指才能勇武过人的人；二是指具有英雄品质的人；三是无私忘我，不辞艰险，为人民利益而英勇奋斗，令人敬佩的人。第三种解释，是新时代的解释。治沙英雄王有德无疑是属于第三种，他是新时代的英雄，当之无愧的英雄！

在白芨滩防沙林场采访的日子，是感受英雄的过程，也是感悟英雄的过程。从沙漠之绿，到工人之富，事业之强，在工人眼里，王有德是凡人，因为他食人间烟火，关注民生，有凡人情怀；在工人眼里，王有德是英雄，因为他激情治沙，不畏风沙，有英雄气概。一位老工人这样感慨地说：有德有德，大有大德。

王有德曾经有一个梦，他想长成一棵树。多少个昼夜更替，多少个春去秋来，多少场风沙磨砺，如今，他不但长成了一棵树，而且长成了一片森林，顶着风沙前行，向着沙漠深处覆盖过去，再大的风沙也休想将他拔起、湮没。他的年轮是风镂沙磨出来的。

走进毛乌素沙漠边缘，麦草方格随沙丘而起伏，就像撒下的一张张铺天盖地的网，以囊括八荒的气势，罩住了随时要掀起滔天大浪的沙魔。

审视毛乌素沙漠，欣赏白芨滩防沙林场几十万亩的防风固沙林带，感受清风绿树，倾听雁鸣隼啼，我想到了蒲松龄表达自己心志的那副对联：

有志者，事竟成，破釜沉舟，百二秦关终属楚；
苦心人，天不负，卧薪尝胆，三千越甲可吞吴。

大有大德英雄气，王有德以他的厚度、深度、广度在毛乌素沙漠，为世界树起一座绿色的丰碑。

100位

新中国成立以来感动中国人物

丁晓兵　马万水　马永顺　马恒昌　马海德　中国女排五连冠群体

孔祥瑞　孔繁森　文花枝　方永刚　方红霄　毛岸英

王　杰　王　选　王　瑛　王乐义　王有德　王启民

王进喜　王顺友　邓平寿　邓建军　邓稼先　丛　飞

包起帆　史光柱　史来贺　叶　欣　甘远志　申纪兰

白芳礼　任长霞　刘文学　刘英俊　华罗庚　向秀丽

廷·巴特尔　许振超　达吾提·阿西木　邢燕子　吴大观

吴仁宝　吴天祥　吴金印　吴登云　宋鱼水　张　华

张云泉　张秉贵　张海迪　时传祥　李四光　李春燕

李桂林和陆建芬夫妇　李素芝　李梦桃　李登海　杨利伟

杨怀远　杨根思　苏　宁　谷文昌　邰丽华　邱少云

邱光华　邱娥国　陈景润　麦贤得　孟　泰　孟二冬

林　浩　林巧稚　林秀贞　欧阳海　罗映珍　罗健夫

罗盛教　草原英雄小姐妹　赵梦桃　钟南山　唐山十三农民

容国团　徐　虎　秦文贵　袁隆平　钱学森　常香玉

黄继光　彭加木　焦裕禄　蒋筑英　谢延信　韩素云

窦铁成　赖　宁　雷　锋　谭　彦　谭千秋　谭竹青

樊锦诗

图书在版编目（CIP）数据

王有德 / 季栋梁，魏蒙著. -- 长春：吉林文史出
版社，2012.12（2024.5重印）
（100位新中国成立以来感动中国人物）
ISBN 978-7-5472-1405-3

Ⅰ．①王… Ⅱ．①季… ②魏… Ⅲ．①王有德－生平
事迹－青年读物②王有德－生平事迹－少年读物 Ⅳ.
①K826.3-49

中国版本图书馆CIP数据核字(2013)第002327号

王有德

WANGYOUDE

著/ 季栋梁 魏蒙

选题策划/ 王尔立 责任编辑/ 王尔立 李洁华 任玉茗 王丽媛

装帧设计/ 韩璘

出版发行/ 吉林文史出版社

地址/ 长春市福祉大路5788号 邮编/ 130118

电话/ 0431-81629363 传真/ 0431-86037589

印刷/ 天津海德伟业印务有限公司

版次/ 2012年12月第1版 2024年5月第5次印刷

开本/ 640mm×920mm 1/16

印张/ 9 字数/ 100千

书号/ ISBN 978-7-5472-1405-3

定价/ 29.80元